THOMAS RATH

DER FASHION RATH
für die Frau

THOMAS RATH

DER FASHION RATH

für die Frau

DUMONT

Erste Auflage 2013
© 2013 DuMont Buchverlag, Köln
Alle Rechte vorbehalten
Redaktionelle Mitarbeit: Christoph Graebel und Claudius Nießen

Gestaltung und Satz: KOCH.ZÄNKER
Gesetzt aus der Proforma und der Sackers Gothic Light
Gedruckt auf säurefreiem und chlorfrei gebleichtem Papier
Umschlag: Birgit Haermeyer
Autorenfoto: © picture alliance/Jan Haas
Druck und Verarbeitung: fgb, freiburger graphische betriebe GmbH & Co. KG

Printed in Germany
ISBN 978-3-8321-9709-4

www.dumont-buchverlag.de

FÜR DIE FRAUEN DIESER WELT

DIE SCHÖNHEIT EINER FRAU ZEIGT SICH
NICHT IN DEN KLEIDERN, DIE SIE TRÄGT, IN
DER FIGUR, DIE SIE HAT, ODER IN DER ART,
WIE SIE IHRE HAARE KÄMMT. DIE SCHÖNHEIT
EINER FRAU SIEHT MAN IN IHREN AUGEN,
SIE SIND DIE TORE ZU IHREM HERZEN, DEM
ORT, WO DIE LIEBE WOHNT.

AUDREY HEPBURN

MODE IST NICHT NUR EINE FRAGE DER
KLEIDUNG. MODE IST AM HIMMEL, IN DER
STRASSE. MODE HAT MIT IDEEN ZU TUN, MIT DER
ART, WIE WIR LEBEN, MIT DEM, WAS PASSIERT.

COCO CHANEL

INHALT

III

Stil hat viele Helfer

IV

I

Meine Mode, deine Mode

Aller Anfang bist du

iele Frauen lesen Modezeitschriften, als wären es Bibeln. Oben im Modehimmel macht jemand etwas vor, und wir da unten machen es nach. Aber ganz ehrlich: Das ist keine gute Idee. Wenn man Modezeitschriften *so* liest, dann liest der Frust immer mit. Denn wir geißeln uns selbst, wenn wir uns einem Modediktat unterwerfen. Wir stellen viel zu häufig fest: Das kann ich doch nicht tragen. So eine Figur, wie sie die Models auf den Fotos haben, kriege ich im Leben nie. Ich kann mich zu Tode fasten oder jeden Tag Halbmarathon rennen, das wird nichts.

Um diesem Teufelskreis zu entkommen, müssen wir die Mode besser verstehen, ja verinnerlichen. Dann können wir sie unseren Bedürfnissen, unseren Launen und unserer Figur anpassen – und nicht umgekehrt.

Zuerst fragen wir uns: Was ist Mode? Und was macht sie mit uns? Im Grunde ist es ganz einfach. Mode erfüllt ihren Zweck, wenn Kleidung mehr ist als ein schnöder Gebrauchsgegenstand. Wenn wir es darin nicht nur angenehm oder warm haben, sondern wenn sie unseren Charakter widerspiegelt und unser Wesen unterstreicht, also dann, wenn wir uns darin schlicht rundum wohlfühlen.

Aber warum fällt uns das so schwer? Weil wir unsicher sind. Weil wir uns blenden lassen von tollen Fotos und noch tolleren

Models. Weil wir glauben, die Fotografen, Redakteure und Designer haben recht. Das ist ein ganz großes Missverständnis. Sie haben das Recht, Mode zu inszenieren, sie haben das Recht, grandiose Fotostrecken in Hochglanzmagazinen abzudrucken, und sie haben das Recht, uns damit zu unterhalten, zu beeindrucken.

MODE ERFÜLLT IHREN ZWECK, WENN KLEIDUNG MEHR IST ALS EIN SCHNÖDER GEBRAUCHSGEGENSTAND.

Wir alle aber haben im Modezirkus ebenfalls Rechte. Das Recht auf eine eigene Meinung, auf eigene Entscheidungen, auf ein eigenes Selbstbewusstsein. Vor allem haben wir das Recht, die Modezeitschriften immer wieder genüsslich durchzublättern, uns von den Fotostrecken anregen zu lassen und neue Ideen zu entwickeln.

Die *Vogue* beispielsweise ist für mich wie ein Bildband. Manche sagen, sie sei überzüchtet. Ich sage, sie ist vor allem eins: wunderschön. Ausgabe für Ausgabe. Man nimmt sie sich vom Coffeetable, blättert darin, legt die Beine hoch und freut sich über ein bisschen Gebäck und darüber, dass es einem gut geht. Mit der *Vogue* kann man ganz prima entspannen. Aber eben nur, wenn man sie nicht als Diktat betrachtet. Die besten Fotografen und die bestbezahlten Models erschaffen mit den neuesten Kollektionen und auf Betreiben der Herausgeber und der Moderedakteure ein großes Kunstwerk. Informationen dazu, wie ich etwas kombinieren kann, wie ich mich in welchem Alter und zu welchem

MAN MUSS SICH INFORMIEREN, WENN MAN NICHT HERUMRENNEN WILL WIE EIN JEDERMANN ODER WIE DIE EIGENE HANDARBEITS- LEHRERIN.

Anlass kleide, die sollte man in einer *Vogue* nicht erwarten, dafür gibt es andere Magazine. *Grazia* oder *InStyle* zum Beispiel. Die drucken viele gut gemachte und kompetent recherchierte, praktische Tipps. Beim Shoppen ist es ähnlich: Die Designer machen wunderbare, stilangebende Kunst, und die großen Ketten machen sie straßentauglich. Es ist natürlich toll, wenn man sich Chanel, Givenchy, Hermès und Burberry leisten kann – und bei den wichtigsten Stücken sollte man das wenn möglich auch tun. Man muss sie ja nicht neu kaufen, in Vintage-Läden findet man viele Teile zu günstigeren Preisen. Ansonsten bekommt man gute Qualität in einem angemessenen Preis-Leistungs-Verhältnis zum Beispiel auch bei Zara oder Mango.

Eines der obersten Fashiongebote lautet: Man muss sich informieren, wenn man nicht herumrennen will wie ein Jedermann oder die eigene Handarbeitslehrerin. Man braucht die richtigen Kenntnisse zu Stoffen, Mustern, Kollektionen, zu Farben und Formen und zu den Grundlagen der heutigen modernen Fashion. Diese Basics liegen für mich eindeutig in der klassischen Mode. Im Hollywood der fünfziger und sechziger Jahre. Das ist der Ursprung, das ist die Basis, das gibt Orientierung. Alles, was dazukommen muss, ist Persönlichkeit, Selbstbewusstsein und, ganz wichtig, Lässigkeit.

Lässigkeit erzeugt Freude an Mode, macht Lust aufs Kombinieren und Mut zum Ausprobieren, hebt den Kopf und stärkt die Schultern. Kopflos Diktaten und Marken hinterherzurennen wie die Lemminge bringt einen zwar nicht gleich in Lebensgefahr, aber es verdirbt nachhaltig den guten Geschmack. Und dabei will ich niemandem zusehen. Es wäre auf unseren Straßen viel ansehnlicher, wenn die Menschen wüssten, was sie anhaben und was sie besser nicht anhätten. Die Welt wäre ein Stück lässiger und lockerer, sie hätte bestimmt mehr Witz und mehr Stil.

LÄSSIGKEIT ERZEUGT FREUDE AN MODE, MACHT LUST AUFS KOMBINIEREN UND MUT ZUM AUSPROBIEREN, HEBT DEN KOPF UND STÄRKT DIE SCHULTERN.

Genau da wollen wir doch hin. Mit meinem Buch möchte ich einen kleinen Beitrag dazu leisten, ich möchte inspirieren, auf wichtige Punkte aufmerksam machen, ein paar wenige Regeln aufstellen und ein paar wenige Verbote, die es zu beachten gilt. Und nicht vergessen: alles freiwillig! Denn eins möchte ich ganz bestimmt nicht: Ich möchte nicht als Modediktator dastehen und euch allen vorschreiben, was ihr tragen sollt. Aber wenn mal eine Leserin sagt: »Ach, da hat der Thomas aber recht«, dann freue ich mich darüber. Und wenn eine andere fragt: »Thomas, spinnst du?«, gucke ich mir erst einmal an, wie sie sich kleidet, bevor ich wahrheitsgemäß antworte ... Im Ernst: *Der Fashion Rath* ist eine Reise zu den *Dos* der Mode, mit wichtigen Hinweisen auf die *Don'ts*. Er soll anregen und unterhalten. Sein Platz ist auf dem Coffeetable. Als Ergänzung zu den Kunstwerken in Magazinform. Aber auch er ist keine Bibel.

Nouveau Niveau
~ Stil trifft Lässigkeit

*S*ich modern anzuziehen bedeutet nicht, jeden Morgen vor dem Kleiderschrank eine Moderevolution auszurufen. Davon gab es schon viel zu viele. Nur die Designer und vielleicht auch die wichtigsten Fashionredakteure revolutionieren die Mode von Zeit zu Zeit. Das ist ihr Job. Den Frauen bleibt jedoch meist nur ein einziges Gefühl dabei, wenn schon wieder ein neuer Trend vorherrscht – das der Überforderung.

Eigentlich befinden sich diejenigen, die modeaffin sind oder es sein wollen, in unseren Tagen in einer höchst kommoden Situation. Sie können frei wählen und kombinieren. Aber dazu fehlt vielen von uns schlicht der Mut.

Ein heute moderner Look entsteht aus dem kunstvollen Kombinieren von klassischer Basis und einem Schuss Lässigkeit. Hier braucht es Kreativität, Überzeugung, Selbstbewusstsein und – ein bestimmtes Lebensgefühl. Bin ich berechnend, bin ich eher Mathematikerin, strukturiere ich vom Kinderkriegen bis zu Großmutters Beerdigung alles durch? Fahre ich nur dorthin in den Urlaub, wo in jedem Fall ein mobiles Datennetz mit mindestens fünfhundert MB pro Sekunde Übertragungsrate zur Verfügung steht? Oder kann ich auch mal lockerlassen, mal die Beine hochlegen und abschalten? Weiß ich, wie mein Smartphone ausgeht – und zwar richtig aus, nicht nur in den Flugmodus? Kann ich mir vorstellen, einen ganzen Tag lang durch eine Blumenwiese in den Alpen zu spazieren? Und all das, obwohl ich zwei ausgezeichnet geratene Kinder mit Pubertätsallüren, ein eigentlich zu großes Haus mit einem reichlich bemessenen Garten und einen Job mit achtzig Wochenstunden habe? Bin ich gestresst und muss viel schaffen, oder bin ich locker und will viel schaffen? Nehme ich Ziele ins Visier, die andere bestimmt haben, oder stecke ich sie lieber selbst? Weiß ich, wer ich bin und woher ich komme?

EIN HEUTE MODERNER LOOK ENTSTEHT AUS DEM KUNSTVOLLEN KOMBINIEREN VON KLASSISCHER BASIS UND LÄSSIGKEIT. DAS IST CLASSIC WITH A TWIST.

Eine gute Freundin von mir ist, was farbechtes Kombinieren betrifft, eine absolute Alleskönnerin. Um ein neues Stück aus meiner Kollektion zu testen, lieh ich ihr vor kurzem einen altrosafarbenen Blazer. Sie sollte nach ihrem Gusto ein Outfit dazu kombinieren.

Wenig später stand sie vor mir. Elegant sah sie aus, aber irgendwie streng. Zum Blazer trug sie eine schlichte Stoffhose in sehr hellem Beige. Perfekt passend zur Borte, mit der ich den Blazer habe einfassen lassen. Aus ihrem schier endlosen Fundus an Ballerinas hatte sie genau die gewählt, die exakt dem Altrosa des Blazers entsprachen. Eine hellbeigefarbene, hochgeschlossene Bluse mit leichter Floralstickerei und Altrosa-Nagellack machten das Outfit perfekt. Zu perfekt, old-fashioned. Es erinnerte mich an Bree Van de Kamp aus *Desperate Housewives*. So vollkommen und grundanständig, dass es wie eine Verkleidung wirkte und meine gute Freundin eindeutig Gefahr lief, belächelt zu werden. In der Modebranche nennt man diesen Look auch *very German*. So kleiden sich gut betuchte deutsche Frauen, die das Farbechtheitsgefühl scheinbar mit der Muttermilch aufgesogen haben. Sie wirken sehr unnahbar, fast überheblich. Selbstverständlich wollte ich meinen neuen Blazer nicht *so* kombiniert sehen. Also machte ich im Urlaub einen zweiten Test.

Auf Capri rief ich gleich Sabrina an. Ich kenne sie seit meiner Kindheit. Sabrina lebt den Beweis, dass die Italienerinnen genau wissen, wer sie sind und wohin sie wollen. Das macht sie so verdammt sicher bei der Wahl ihrer Outfits. Nach meiner sehr deutschen Freundin war es nun an Sabrina, meiner sehr italienischen Freundin, den Blazer auszuprobieren.

IN DER MODEBRANCHE NENNT MAN EINEN ZU PERFEKTEN, ANSTÄNDIGEN LOOK VERY GERMAN.

Langsam senkte sich die Sonne am Horizont, und über der Piazza am Hafen lag diese wundervoll elegante Inselluft. Von weitem sah ich Sabrina die Via Truglio herunterspazieren. Für ihr sagenhaftes Outfit hatte sie sich ein bisschen was aus dem Schrank ihres Mannes geborgt. Emanueles tolle Vintage-Rolex prangte, gesäumt von allerlei Armbändern, an ihrem zierlichen Handgelenk. Auch die Hose wirkte auf den ersten Blick wie eine von Emanuele. Sabrina trug sie unfassbar lässig auf der Hüfte sitzend. Es war eine Boyfriend, die in der leichten Hafenbrise locker um ihre Waden flatterte. Ich glaube ja, die Boyfriend wurde erfunden, weil es so sexy wirkt, wenn Frauen die Hosen ihrer Männer tragen – daher kommt zumindest ihr klingender Name.

DIE ITALIENERINNEN WISSEN GENAU, WER SIE SIND UND WOHIN SIE WOLLEN. DAS MACHT SIE SO VERDAMMT SICHER.

Im Grunde ist die Boyfriend eine Herrenhose, die an die weiblichen Proportionen angepasst wurde. Sie hat sich bei uns leider nur langsam durchgesetzt. Auch ich habe mich erst geziert, Boyfriends in meine Kollektion aufzunehmen. Aber weil ich sie so unendlich heiß finde, gibt es sie inzwischen auch von mir. Und immer, wenn eine davon über den Ladentisch geht, freue ich mich sehr. Ja, die deutschen Frauen werden lockerer und lässiger im Umgang mit Mode. Zum Glück! Allerdings noch nicht ganz so wie die Italienerinnen, aber das wird sich noch ändern. Unter dem Blazer trug Sabrina eine schlichte und fast weiße Bluse, und um ihren Hals hatte sie würdevoll eines der schönsten Tücher gelegt. Es gab, wenn es sich bewegte, von Zeit zu Zeit kurze Blicke frei auf Sabrinas Dekolleté. Süße moderne Turnschuhe hatte sie sich für die Füße ausgesucht. Ein denkbar entspannter, fantastischer Abschluss eines rundum gelungenen Outfits.

»So«, sagte ich zu ihr, »können wir eigentlich gleich Fotos machen!« Meine Begeisterung darüber hat bis heute nicht nachgelassen. Sabrina hat den Nagel auf den Kopf getroffen. Die Kombination eines britisch geschnittenen Blazers, eines sehr eleganten, traditionellen Kleidungsstücks, mit Teilen, die Lockerheit und Gelassenheit ausstrahlen, ist für mich *Classic with a twist*. So ehrt man die Tradition und feiert das Unkonventionelle. Das nenne ich *Nouveau Niveau*.

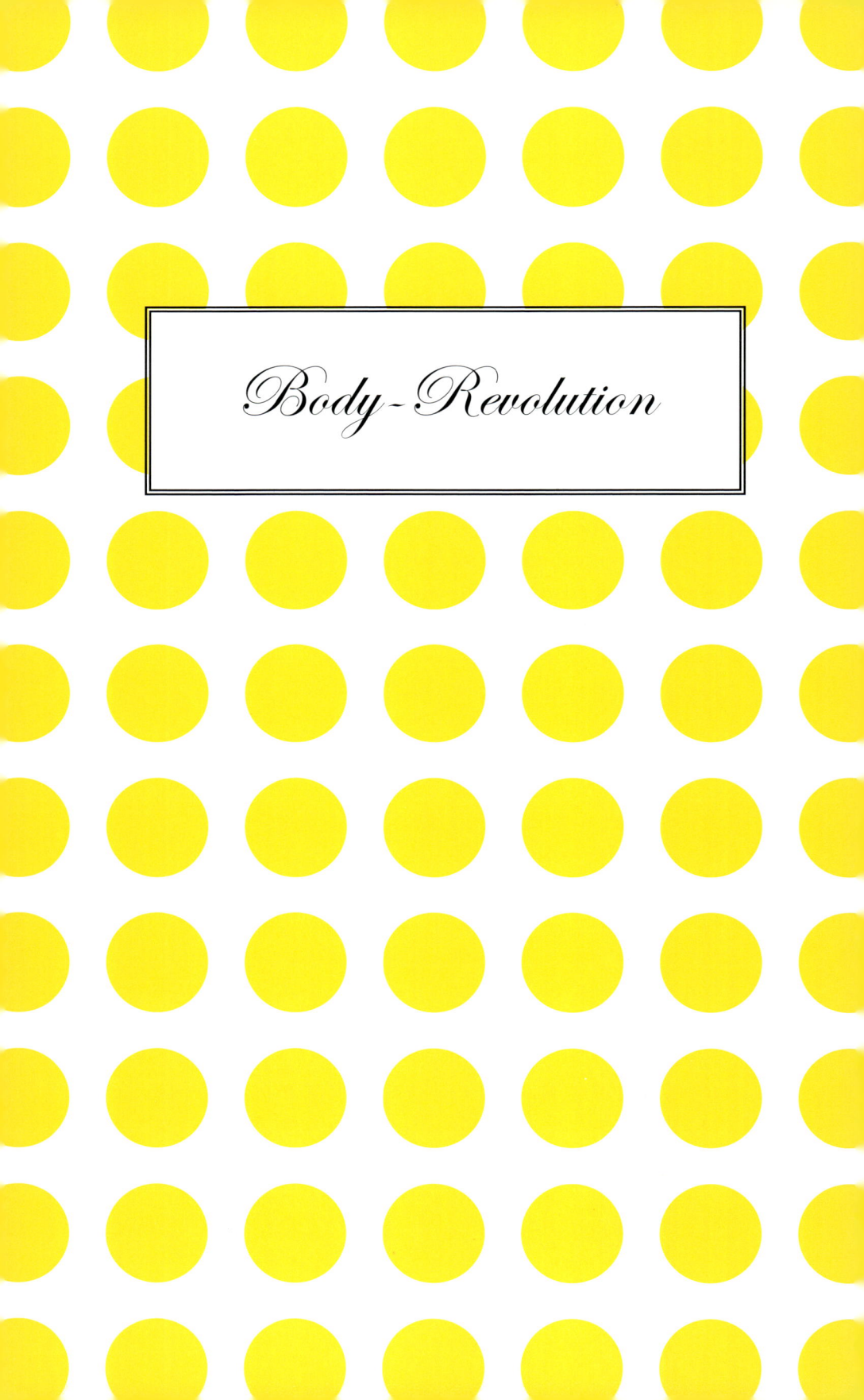

Body-Revolution

An einem wunderbaren Sommertag stand ich in meinem Düsseldorfer Showroom und ordnete Stücke der aktuellen Kollektion, da klingelte das Telefon. Es war Greta, sie ist eine gute Kundin und sagte, sie möchte kurz vorbeischauen und mir etwas zeigen. Greta hat eine herrliche Oberweite mit Konfektionsgröße 46, kommt als Journalistin für ein Reisemagazin viel rum in der Welt, arbeitet da, wo andere Urlaub machen, und hat bereits jede mögliche Diät versucht. Schon oft hat sie bei mir im Laden gesessen und war niedergeschlagen, weil wieder einmal eine ihrer Abnehmphasen in Gewichtszunahme endete: »Thomas, ich bin es leid. Jo-Jo, Jo-Jo, Jo-Jo.« Ich hatte ihr immer gesagt, dass sie mir genau so gefällt, wie sie ist, und dass sie sich nur selbst nicht so geißeln solle.

Nun kam Greta gerade von einer Reportagereise aus den USA zurück, stand in der Tür zum Showroom, und ich erwischte mich dabei, wie ich dachte: Greta, bist du es wirklich? Die Schultern hoch, der Kopf gerade, keinerlei Anzeichen von Müdigkeit.

»Wie geht's dir?« Sie strahlte: »Blendend!« Und ich Trottel fragte ganz unbedarft: »Sag mal, hast du eine neue amerikanische Diät gefunden?« – »Nein, im Gegenteil.« Auf ihrer Reise sei sie eines Abends im Hotel, erzählte sie mir, im Internet auf die Seite von Lady Gaga gestoßen. Die hatte kurz zuvor Fotos von sich gepostet, die ihren Körper abseits jeder Modelmaße in gelber

Wäsche zeigten. Die Gaga mit Fettpölsterchen, ausgerechnet! Sie rief ihre Fans im Netz dazu auf, ähnliche Bilder von sich zu posten. Bilder, die die »Makel« ihrer Körper zeigen. Nicht, um ein Grusel-Panoptikum mit Material zu versorgen, sondern um den eigenen Körper und seine individuellen Besonderheiten mit Stolz darzustellen. »Thomas, du glaubst es nicht, ich habe mich bei littlemonsters.com angemeldet und bin jetzt Body-Revolutionärin.« Ganz ehrlich, mir standen fast Tränen in den Augen. Greta schien es geschafft zu haben. Sie wirkte nicht nur viel selbstbewusster, sie war es auch. Wie ausgewechselt.

VIELE FRAUEN LEIDEN UNTER IHREM KÖRPER. DIESES DENKEN MUSS MAN UMKEHREN.

Popstar und Kunstwerk Lady Gaga hat zur Body-Revolution aufgerufen. Völlig zu Recht und eigentlich längst überfällig: Viele Frauen leiden unter ihrem Körper. Sie ziehen sich gegenseitig runter, igeln sich ein mit dem Gefühl, ihr Körper sei anormal. Manche hungern sich sogar zu Tode. Seit sie fünfzehn ist, schreibt Lady Gaga zu den ungeschminkten Fotos, hat sie unter ihrem Körper und infolgedessen unter Essstörungen gelitten. Die Probleme versteckte sie auf der Bühne in den schrillen Outfits, die schnell zu ihrem Markenzeichen geworden sind. Aber ohne Verkleidung offenbarte sich jetzt eine Frau, die lange Zeit genauso gegen ihren Körper kämpfte wie sehr viele andere auch.

»Schluss damit!«, sagt Lady Gaga. »Schluss damit!«, sagte sich Greta. »Schluss damit!«, sage auch ich. Denn selbst für Frauen, die keine Essstörungen haben und nicht krankhaft unter ihrer

Figur leiden, ist ein selbstbewusster Umgang mit dem eigenen Körper meist nicht ganz einfach. Sie reden sich ein, sie haben Problemzonen, unschöne Fettpölsterchen, einen dicken Po, zu kleine Brüste und so weiter und so fort.

Dieses Denken muss man umkehren. Es muss heißen, guck, ich bin die mit der lustigen Problemzone, die mit den niedlichen Speckröllchen, die mit dem großen, runden Po oder die mit dem zierlichen Busen. Ich bin ich. Und ich bin gut so, wie ich bin, und mächtig stolz darauf. An diesem Morgen, sagte Greta, bevor sie sich zu mir auf den Weg machte, sei sie aufgestanden, vor ihren großen Spiegel getreten und hätte laut gesagt: »Guten Morgen, meine Schöne!« Herrlich.

Da musste zum neuen Selbstbewusstsein natürlich ein neues Outfit her. Die Zeit der zeltartigen Überwürfe war endlich vorbei. Mit diesen hatte Greta bisweilen versucht, ihre Rundungen zu verhüllen. Doch große Kleider verstecken bei kräftigen Frauen gar nichts. Im Gegenteil, sie betonen massiv.

GROSSE KLEIDER VERSTECKEN BEI KRÄFTIGEN FRAUEN GAR NICHTS. IM GEGENTEIL.

Für ihr neues Selbstwertgefühl brauchte Greta jetzt zuerst einmal einen neuen Blazer. Sie trägt im Büro, das weiß ich, gerne Businesslook. Bisher hatte ich mich bei ihr damit immer schwergetan, weil ein Blazer, der zu diesem Look gehört, wie das Salz in

ES IST HÖCHSTE ZEIT FÜR EIN NEUES, UNKOMPLIZIERTES SELBSTBEWUSSTSEIN!

die Suppe, nur schwer zu vereinen war mit Gretas Wunsch zu verstecken. Ich suchte einen klassisch dunkelblauen. »Größe 42, der passt doch nicht«, sagte sie enttäuscht. »Thomas, an Gewicht habe ich nicht abgenommen, ich habe zugenommen an Selbstbewusstsein.« – »Ich weiß«, sagte ich, »gerade deshalb ist die 46er-Zeit jetzt vorbei.«

Der Blazer saß wie angegossen, wie ein Blazer eben sitzen muss. Ohne einen Faltenwurf lag er auf Gretas Schultern, schmiegte sich elegant an ihren tollen Busen und unterstrich die 44er-Taille.

»Thomas, ich krieg ihn nicht zu ...« – »Greta, Schatz, das ist die eine Sache, die du noch lernen musst bis zum Sieg der Body-Revolution: mehr Mut! Lass den Blazer einfach offen. Es gibt keinen Grund, den einen Knopf zu schließen. Lass ihn offen und genieß die bewundernden Blicke, die dich treffen.«

Der Trick ist very simpel. Den Blazer eine Nummer zu klein kaufen, und schon wirkt eine kräftige Figur weiblicher und sexy. »Greta«, sagte ich zu ihr, »jetzt bist du eine Frau.« – »Ich weiß«, sagte sie stolz.

Das kleine A bis Z der Basisgarderobe

Will ich Ingenieur werden, brauche ich bereits vor dem Studium einiges an Wissen. Jedenfalls muss ich die Grundlagen von Mathematik und Physik beherrschen, bevor das erste Semester beginnt. Ein Auto darf ich auf öffentlichen Straßen erst lenken, wenn ich einmal offiziell bewiesen habe, dass ich es kann. Überall gibt es diese ausgesprochenen und unausgesprochenen Zugangsvoraussetzungen.

Wie alle anderen Disziplinen des Lebens hält auch die Mode allerlei Zwischentests, Hochschulzugangsberechtigungen und kleine und große Lateinprüfungen für uns parat. Wobei, darauf sei an dieser Stelle hingewiesen, es der Mode durchaus zu Vor- und Nachteil gereicht, dass einem in dieser Disziplin niemand einen Führerschein ausstellt. Statt eines Fahrlehrers braucht es ein geübtes Auge, einen Blick für das Wesentliche und vielleicht die Hilfe der besten Freundin. Auch wenn es kein festes Regelwerk in Sachen Mode gibt, einige unumstößliche Leitlinien für den Erfolg im Umgang mit Anziehsachen gibt es sehr wohl.

Im Grunde ist es ganz einfach: Zuerst muss man ein paar wenige, aber wichtige Kleidungsstücke besitzen und dann – für den richtigen Effekt obendrauf – ein paar Fakten kennen. Man muss sie noch nicht einmal pauken oder auswendig lernen: Ein, zwei Mal ausprobiert, stellt sich das sichere Händchen in Stilfragen nach und nach wie von selbst ein.

Also: Basiswissen meets Basisgarderobe. Sie besteht zum allergrößten Teil aus Klassikern, sie ist die Grundausstattung für jeden Kleiderschrank.

<mark>ES IST GANZ EINFACH: MAN MUSS EIN PAAR WENIGE, ABER WICHTIGE KLEIDUNGSSTÜCKE BESITZEN UND EIN PAAR GRUNDLEGENDE FAKTEN KENNEN.</mark>

A WIE ANFANGEN

Mode ist zwar auch Theorie, denn ohne sie wäre die Mode heute nicht da, wo sie ist. Aber ohne Praxis wäre die Welt noch immer ein einziger großer, chaotischer FKK-Strand. Irgendwann wurde aus der Funktionskleidung also Mode. Und jede Frau, die guten Geschmacks durch ihr Leben gehen will, muss ihre Mode nach optischen und haptischen Kriterien auswählen. Funktion ist praktisch. Aber nicht unbedingt schön.

B WIE BASIS ODER BLAZER

Die Rath'sche Basisgarderobe gründet auf einem im doppelten Sinn der Oberschicht entstammenden Kleidungsstück. Bitte, liebe Frauen, habt mindestens einen Blazer im Schrank! Am besten zwei. Nein, drei. Ach, was sage ich denn? Blazer könnt ihr nie genug haben.

C WIE CLASSIC WITH A TWIST

Classic with a twist meint das geschickte Kombinieren von klassischen Teilen mit solchen, die in der ersten Ausgabe des großen

Buches der Modetheorie von anno dazumal als »nicht dazu passend« gelistet worden wären. Die Kombination aus Jeans, Bluse, Blazer – und neonfarbenen Sneakers zum Beispiel. Der gewollte Stilbruch, er garantiert, dass Klassik lässig wirkt. Aber Achtung: gewusst, wie.

D WIE DEUTSCH, VERY DEUTSCH

Uns ist hierzulande beim Shoppen und beim Blick in den Kleiderschrank viel zu oft angst und bang. Wir wollen immer alles richtig machen, und dann passieren erst recht die groben Schnitzer. Manchmal fehlt uns in Sachen Mode einfach nur das Quäntchen Mut, es braucht eben ein bisschen mehr Selbstbewusstsein. Doch keine Sorge, es ist längst da, wir müssen es nur hervorholen! Seid nicht immer so grundanständig und korrekt und *very German*, überwindet die Angst, wagt etwas, probiert aus!

E WIE EASY

Es ist ganz leicht, sich modern zu kleiden. »Thomas hat gut reden«, sagt ihr jetzt, »wenn der nur wüsste!« Keine Sorge, er weiß. Und deshalb ist mein Credo: Machen, machen, machen. Wer sich vor den Spiegel stellt und sagt: »Das lasse ich jetzt einfach mal an«, der ist schon fast am Ziel. Und meilenweit von der Unsicherheit entfernt, die wir alle kennen, die einen ratlos und verzweifelt fragen lässt: »Was wohl die anderen dazu sagen werden?«

F WIE FEMININ

Frauen sind Frauen, und ich möchte diese Weiblichkeit sehen. Zeigt eure Weiblichkeit, bitte, und spielt mit ihr. Sie darf als Mittel zum Zweck eingesetzt werden und sich im Outfit widerspiegeln. Feminin sein heißt auch fit sein. Und fit sein heißt nicht Diät oder Size zero. Fit sein bedeutet schlicht und ergreifend, da ist eine gewisse Körperspannung. Sie ist wichtig für den Sitz der Kleidung und das eigene Auftreten – und das Gute daran: Es gibt sie in jeder Konfektionsgröße!

G WIE GUT

»Sehe ich gut aus?« ist keine Frage, die eine Frau stellt. »Sehe ich gut aus?« ist das »Wie war ich?« der Frauen.

ZUR BASISGARDEROBE EINER FRAU ZÄHLEN ZWINGEND DIE BLUSE, DER BLAZER UND DAS ETUIKLEID.

H WIE HOSE

Eine Frau braucht, was die Basisgarderobe angeht, eine enge Hose und eine Palazzohose, wie Marlene Dietrich sie getragen hat. Beide müssen perfekt sitzen. Die enge Hose reicht bis kurz über den Knöchel, dazu kann man sowohl hochhackige Schuhe als auch Ballerinas tragen. Persönlich mag ich am liebsten geschnürte Herrenschuhe dazu. Die Marlenehose hingegen endet höchstens einen Zentimeter über dem Boden – und zwar mit hochhackigen Schuhen oder Stiefeln. Man kombiniert sie nie mit flachen Schuhen, es sei denn, man ist sehr, sehr groß ...

I WIE INDIVIDUALITÄT

Denkt nicht: »Ich muss so aussehen wie die.« Setzt euch als Ziel zu denken: »Die könnte sich auch von mir eine Scheibe abschneiden.«

J WIE JEANS

Eine Frau braucht im Grunde nur ein Jeansmodell – davon aber ruhig gleich mehrere Paare. Eine Jeans muss vor allem am Po sitzen. Dann ist ganz wichtig: Jeans sollten oft gewaschen werden, sie müssen *used* aussehen, und sie werden auch wieder schön eng, wenn man sie wäscht. Aufgepasst: Vorgebleichte Jeans gehen gar nicht, vor allem die Modelle, die am Po und an den Oberschenkeln gebleicht sind – da denke ich sofort an ein Arschgeweih und bestelle flugs die Fashion Police.

K WIE KLEID

Zur Basisgarderobe einer Frau zählt zwingend das Etuikleid. Ein schlichtes, enges Kleid, das maximal bis kurz unter das Knie reicht. Jedes dieser Kleider muss Ärmel – oder bitte zumindest Ärmelchen – haben. Nackte Schultern überlassen wir den jungen Mädchen, als Frau leisten wir uns dieses kleine Mehr an Stoff und Stil.

L WIE LÄSSIGKEIT

Lässigkeit spielt immer eine Rolle, wenn es darum geht, ob ein Outfit gelungen ist oder nicht. Sie äußert sich im modernen Stilbruch. Aber: Lässigkeit steht nicht allein für sich. Lässigkeit braucht Selbstbewusstsein – ohne sie bleibt nur die Nachlässigkeit. Und im Umkehrschluss wird Selbstbewusstsein bei fehlender Lässigkeit zur Selbstüberschätzung.

M WIE MODEMAGAZINE

Schön, erfrischend und inspirierend. Betrachtet Modefotos als Kunst, als solche sind sie auch gedacht. Bei Fashionshootings geht es nie darum, Serviervorschläge zu machen. Also: nicht nachmachen, sondern als Anregung nutzen. Einfach die besten Ideen der Shootings auf sich und die eigene Garderobe übertragen.

N WIE NO-GO

Tabus gibt es viel, viel mehr, als ich an dieser Stelle aufzählen kann. Darum sei nur auf eines hingewiesen, weil es als Phänomen unverständlicherweise weit verbreitet ist – Strings und Tangas. Mesdames, lasst das sein! Die Brasilianer nennen die Dinger *fio dental*, Zahnseide. Niemand braucht Zahnseide am Po, um sexy zu wirken.

O WIE OBERWEITE

Sie darf betont werden. Die Oberweite ist so, wie sie ist. Auch wenn sie operativ verändert worden ist. Von Tag zu Tag lässt sie sich zumindest nicht ändern. Was tun? Akzeptieren, annehmen, gut finden. Mehr Möglichkeiten gibt es nicht, es sei denn, man entscheidet sich für ein graues, unglückliches Leben.

P WIE PRINCESSMANTEL

Der Princessmantel ist der Blazer zum Kleid und die richtige Oberbekleidung, wenn man am Abend ausgeht. Er ist unten ausgestellt und reicht nur bis zum Knie und nie darüber hinaus. In seiner Leichtigkeit und Eleganz ist er eher ein Mäntelchen als ein Mantel – er verhüllt nicht, er kleidet. Very simpel.

Q WIE QUALITÄT

Viele denken, besonders dünne Stoffe sind von bester Qualität. Richtig hingegen ist: Gerade besonders dünne Qualitäten müssen besonders hochwertig sein. Dickere Stoffe halten nicht nur länger, sie sind in der Regel auch deutlich schöner, fallen oft besser und sehen schlicht hochwertiger aus – und ganz davon abgesehen hat Frau länger etwas von ihnen.

LÄSSIGKEIT BRAUCHT SELBSTBEWUSSTSEIN – OHNE SIE BLEIBT NUR DIE NACHLÄSSIGKEIT.

R WIE RÜCKEN

Ein gerader Rücken kann entzücken. Ohne ist es schwer, Haltung einzunehmen. Und ohne Haltung wird man beliebig. Das sind andere auch, und schon verschwindet man in der Masse. So zu sein wie alle aber hat mit Mode nichts zu tun.

S WIE STIFTROCK

Der Stiftrock – oder Pencilrock – gehört zur Basisgarderobe und ist gleichsam der losgelöste untere Teil eines Etuikleids. Er ist sehr schmal geschnitten und bedeckt gerade so die Knie.

T WIE TRASH

Trash ist keine Mode, Trash ist auch nicht witzig und schon gar nicht individuell. Trash ist Trash. Und Trash gehört in den Müll.

U WIE UNCOOL

Herkömmliche, schlichte T-Shirts sind okay, aber uncool. Sie
sind halt so zum drüberziehen. Sie sind ein anderes Wort für Ge-
dankenlosigkeit. Wenn ich mir keine Gedanken machen will,
was ich heute anziehe, ziehe ich ein T-Shirt an. Wie gesagt, das ist
okay, solche Tage gibt es. Aber genau deswegen kann ein T-Shirt
nicht wirklich lässig sein. Denn Lässigkeit ist eine sehr bewusste
Haltung.

MAN IST SO ALT, WIE MAN IST, UND MAN FÜHLT, WAS MAN FÜHLT.

V WIE VINTAGE

Vintage ist die neue Moderevolution. Vintage-Accessoires ehren
die Tradition und – wenn es Erbstücke sind – auch die lieben Vorfahren. Vintage-Teile gehören im Ranking von *Classic with a twist*
unbedingt mit auf die vordersten Plätze, da spielt man als Frau in
der ersten Liga.

W WIE WEISSE BLUSE

Eine weiße, taillierte Bluse passt immer und sieht immer frisch
aus. Vorausgesetzt, Frau hat mindestens zwei Exemplare davon,
denn eine ist doch meist in der Wäsche. Mein Tipp: Wenn die
Bluse ihre Strahlkraft verloren und stattdessen einen Grauschlei-
er angenommen hat, nehmt den Klassiker von Heitmann, der
wäscht die Wäsche wieder weiß.

Und was ganz wichtig ist: Frauen mit einem hellen Teint tragen lieber Blusen mit einer Nuance Gelb im Weiß, sie sehen so weniger blass aus.

X WIE X-TER GEBURTSTAG

Seid bitte immer so alt, wie ihr seid. Die Jugend ist bei der einen früher vorbei als bei der anderen. Man ist so alt, wie man sich fühlt? Blödsinn. Man ist so alt, wie man ist, und man fühlt, was man fühlt. Es gibt Dinge, die sind der Jugend vorbehalten. Trägerkleidchen beispielsweise. Dafür kommt mit dem Alter die Eleganz. Und es hat viel mit Stil zu tun, zu sich selbst zu stehen.

Y WIE Y-CHROMOSOM

Es gibt ein paar Modeteile, die darf sich die Frau aus dem Kleiderschrank oder der Schublade ihres Mannes nehmen, zum Beispiel die Uhr. Die kleinen Damenuhren sind out. Dicke Vintage-Herrenuhren sind perfekt. Und für zu Hause dürfen es auch seine großen Pullover oder das flauschige Karo-Hemd sein.

Z WIE ZIEGE

Cashmere – Kaschmirwolle – ist die tollste Faser für das einzige Zweierteil der Basisgarderobe: Das Twinset à la Grace Kelly. Edel und einfach wunderschön. Ein Pullover und eine Strickjacke aus gleichem Material und in gleicher Farbe.

Vergesst uns nie! – Nostalgie

*I*m Herbst ist das Wetter gut für ausgedehnte Shoppingtouren. Draußen fällt Nieselregen, oder es tobt ein heftiger Sturm, und selbst wenn kein Wasser von oben kommt, ist es oft feucht, neblig und trüb. Es ist die beste Zeit, um in Geschäfte zu gehen, weil man länger verweilt, sich dabei automatisch entspannt und dann beginnt, die Augen zu öffnen für all das, was dort angeboten wird.

Um für den eigenen Kleiderschrank zu shoppen, muss man nicht nur Modeboutiquen aufsuchen. Inspirationen kann man sich auch in der Buchhandlung, auf dem Bahnhof oder in Homestyling-Stores holen. Gerade dort hat sich in den vergangenen Jahren ein echter Trend entwickelt: *shabby-chic*, auch *shabby-genteel*. Auf alt gemachte Möbel und Dekorationsteile, die den Duft von Nostalgie und Gemütlichkeit verströmen. Barocke Putten mit abblätterndem Goldlack, aufwendig verzierte Bilderrahmen und von Maschinenhand bemalte Keramikgefäße mit individuellen Abplatzungen. Alles neue Ware, und trotzdem sieht es so aus, als wäre es von vorgestern.

Was jetzt vielleicht negativ klingt, ist doch erst einmal positiv gemeint. Wir müssen unseren Blick mehr auf das Alte und Nostalgische lenken. Schon der Ideen wegen. Um wie viel ist ein Keramikblumentopf von 1924 schöner als ein Plastikblumentopf von heute? Am Ende mögen die Geschmäcker dabei unterschiedlich sein. Was aber auffällt: In den Einrichtungsgeschäften stehen beide Töpfe in Eintracht beieinander, erst zusammen entfalten sie ihre ganze Wirkung.

SHABBY-CHIC IST AUF ALT GEMACHT UND VERSTRÖMT DEN DUFT VON NOSTALGIE. HIER KANN MAN SICH ANREGEN LASSEN.

Dass einen jetzt auch im Supermarkt um die Ecke der *Shabby-chic*-Nippes anspringt, zeigt vor allem eins: Hier trifft Trend auf Zeitgeist. *Shabby-chic* ist inzwischen auch zu einem großen Verkaufsschlager für den Massenmarkt geworden. Wer früher kein Auge für das schöne und wahre Alte hatte und es also weggeschmissen hat, muss sich jetzt neues Altes kaufen, wenn er mit dem Zeitgeist gehen will. Und der Zeitgeist ist einer, dem man sich nur schwerlich entziehen kann. Wir müssen also lernen, zu unterscheiden. Nicht alles, was *shabby-chic* ist, ist auch wirklich schick.

Warum setze ich mich denn für *Classic with a twist* ein? Warum sage ich, kombiniert den Blazer zur Trainingshose?

Weil die Kombination aus Alt und Neu, aus Nostalgie und Modernität Spannung erzeugt und inspiriert, weil sie Erinnerungen weckt und einfach sehr gut aussieht.

Im Homestyling-Shop liegt neben einem Edelstahl-Kerzenleuchter eine opulente Kuscheldecke. Dunkelbraunes Fellimitat im Maß von zwei mal zwei Metern. Sie erinnert mich an den Pelzmantel, den meine Großmutter oft, gerne und im hohen Alter manches Mal auch an wärmeren Tagen trug.

Wer das Glück hat und weiß, wo die Schätze der Großeltern und Urgroßeltern, der Verwandten und Vorfahren in Kisten oder Kleidersäcken lagern, wer dafür gesorgt hat, dass sie dem Wegwerfwahn, der ja auch einmal Zeitgeist war, entgangen sind, der sollte sich jetzt auf den Weg machen, diesen Schatz zu heben. Wenn das nicht bereits passiert ist.

Ist es nicht hübsch anzusehen, wenn eine Frau an wirklich kalten Tagen im wärmenden Zobel flanieren geht? Für eine Neuanfertigung sollte bitte kein Tier mehr sterben müssen, aber wenn der Pelz ein alter ist, dann lässt sich das Übel nicht ungeschehen machen. Man erweist dem Tier umso mehr seine Reverenz, indem es noch lange getragen wird, eben über Generationen. Und noch viel mehr, wenn Großmutters Lieblingsstück später der Enkelin angepasst wird.

NIMM OMAS PELZ, TRAG IHN ZUM SCHNEIDER UND LASS IHN ANPASSEN. DIESER PELZ BIST NUR DU. SO WIRST DU ZU DEINEM EIGENEN MODEDESIGNER.

Aber es geht natürlich nicht nur darum, die Anziehsachen früherer Generationen aufzutragen, so wie der kleine Bruder im frühen Kindesalter schon mal den rosa Strampler der älteren Schwester auftragen musste. Der Clou liegt in der Kombination mit aktuellen Stücken. Sonst würden wir nämlich nicht von Mode reden, sondern von Verkleidung. Und was ich davon halte, könnt ihr euch bestimmt vorstellen.

Nimm Omas Pelz, trag ihn zum Schneider und lass ihn anpassen. Daraus könnte zum Beispiel ein cooler taillierter Kurzmantel werden. Den hat keine andere Frau – weder in deiner Stadt noch irgendwo sonst! Einen so gefertigten Pelz nenne ich *customized*, also individuell angepasst. Dieser Pelz bist nur du.

Mit Customizing wirst du zu deinem eigenen Modedesigner. Und das Beste daran: Kein weiteres Tier muss dafür sterben. Natürlich kann die lange Lebenszeit eines Leder- oder Pelzprodukts den Tod des Tieres niemals aufwiegen. Aber ich kann die Nachfrage nach neuen Pelzen regulieren, indem ich bei den alten bleibe und ihnen neue Formen und Aufgaben gebe. Das gilt auch für das Krokodil, das einmal zu Mutters Handtasche verarbeitet worden ist.

Bei Textilien ist Customizing natürlich nicht nur auf Secondhandmode beschränkt, daran denken noch immer die wenigsten: »Der Stoff gefällt mir, aber die Größe stimmt leider nicht. Auf Wiedersehen.« Streicht, liebe Damen, diesen Satz aus eurem Repertoire. Kauft die Bluse und lasst sie ändern. Ändert eure Sachen, nicht euch.

ÄNDERT EURE SACHEN, NICHT EUCH. AUCH TASCHEN LASSEN SICH PERSONALISIEREN.

Auch Taschen lassen sich personalisieren. Mit nostalgischen Anhängern sieht eine Vintage Kelly Bag weitaus cooler aus, als wenn ihr einfach bloß eine neue tragt. Und Großmutters Schmuckkästchen ist ein steter Quell der Kombinationsfreude.

Sie heftete sich Broschen ans Mantelrevers, Broschen, die ihrer eigenen Großmutter einst zum Geschenk gemacht wurden. Wenn ihr die Schmuckstücke noch habt, macht was damit. Denkt euch etwas aus. An Regentagen bastelt es sich wunderbar. Nehmt euch das vor für die nächste Schlechtwetterfront.

DIE KOMBINATION AUS ALT UND NEU, AUS NOSTALGIE UND MODERNITÄT ERZEUGT SPANNUNG UND INSPIRIERT, SIE WECKT ERINNERUNGEN UND SIEHT GUT AUS.

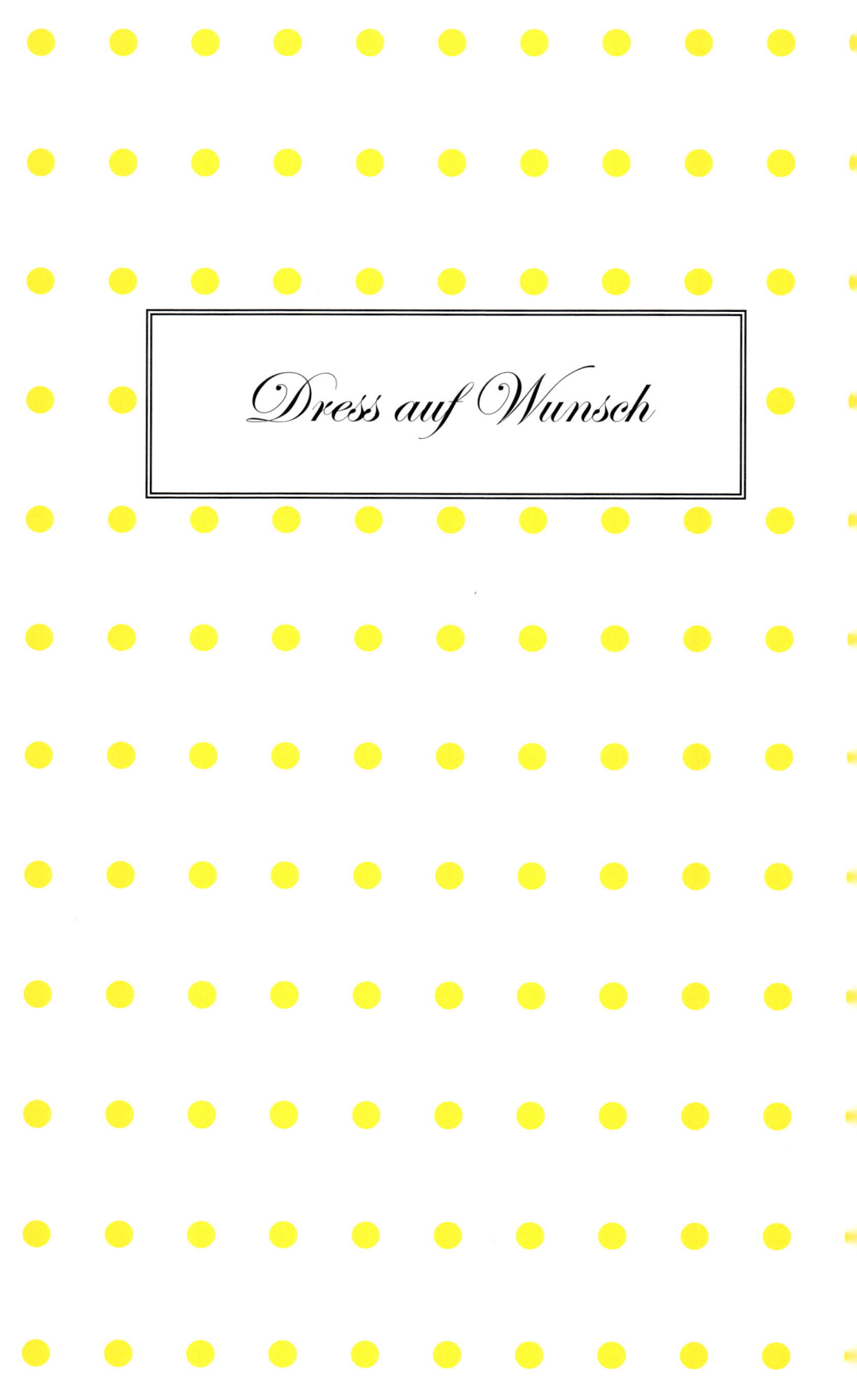

Dress auf Wunsch

Warum steht auf einer Einladung, wie ich mich anziehen soll? Weil ein Fest, eine Hochzeit oder eine Gala nicht nur schön wird, wenn die Location, die Kirche, das Standesamt, der Garten meisterhaft geschmückt und dekoriert sind. Auch die Festgesellschaft trägt maßgeblich zum Gelingen des optischen Erscheinungsbildes bei. Sticht man wissentlich heraus, stellt man sich selbst über die Veranstaltung beziehungsweise gleich wieder zurück in den Schatten. Die Einladenden können es auch als Affront empfinden, wenn man den erbetenen Dresscode auf einer Einladung, nun, sagen wir es mal so, unterbietet. Man ist ja schließlich auch zu der auf der Einladung angegebenen Zeit am Ort des Geschehens und wartet mit dem Champagnertrinken, bis das Glas gemeinsam gehoben wird. Man plündert auch nicht vor der Zeit das Büfett oder gratuliert der Braut zur Hochzeit, bevor das Brautpaar sich das Ja-Wort gegeben hat. Das alles gehört eben nicht gerade in die schönste Schublade, in die man bei solch einem Anlass gesteckt werden möchte. Menschen, die sich über einen formulierten Dresscode hinwegsetzen, wirken daher auch nicht besonders individuell, sondern besonders ignorant, intolerant oder einfach hilflos.

Bestimmend für die Dresscodes sind, vor allem was abendliche Anlässe angeht, die Outfits für die Herren. Die Damen haben etwas mehr Auswahlmöglichkeiten.

Gehen wir die einzelnen Dresscodes einmal der Reihe nach durch. Jetzt erhalten endlich auch die Männer ein wenig Aufmerksamkeit, da ihre Kleidung den Damen bei der passenden Wahl ihrer Stücke als Orientierung gilt:

BESTIMMEND FÜR DIE DRESSCODES SIND DIE OUTFITS FÜR DIE HERREN. DIE DAMEN HABEN MEHR AUSWAHLMÖGLICHKEITEN.

SMART CASUAL, SPORTLICH-ELEGANT

Wenn der Herr die Krawatte weglässt, kann die Dame statt der Bluse auch ein wirklich gut sitzendes T-Shirt anziehen. Darüber trägt sie ein schlichtes Kostüm, einen Stiftrock mit Blazer oder einen Hosenanzug.

CASUAL WEAR

Männer erscheinen in Cordanzügen mit Polohemd. An wärmeren Tagen darf das Sakko auch im Auto bleiben. Die Damen tragen eher T-Shirt als Bluse – aber sitzen muss es, es darf nicht schlabbern! – und kombinieren dazu den Blazer mit Stiftrock.

CASUAL FRIDAY

Jeans on the job. Viele große Unternehmen haben den Casual Friday eingeführt. Da darf das Businessoutfit etwas lässiger sein. Statt Kostüm werden gerne Jeans und Polohemd getragen. Halten Sie den Blazer aber trotz allem griffbereit.

DUNKLER ANZUG

Dunkler Anzug heißt schwarzer Anzug. Aber nur für ihn. Doppelmanschette am weißen Oberhemd, Manschettenknöpfe und elegante schwarze Schuhe passen wunderbar zum eleganten Kostüm der Dame. Wahlweise trägt sie ein schlichtes, aber beeindruckendes Kleines Schwarzes.

SMOKING ODER BLACK TIE

Er darf nur Smoking, sie Abend- oder Cocktailkleid tragen. Er schmückt sich mit einer Fliege und Lackschuhen, sie darf etwas glitzern. Und schmückt ihn damit sehr viel mehr.

DRESSCODES SIND KEINE WILLKÜR. SIE PASSEN ZUM ANLASS, ZUR LOCATION, ZUR DEKORATION.

FRACK ODER WHITE TIE

Der Frack ist das Abendkleid der Herren. Kombiniert wird er ausschließlich mit weißem Frackhemd, weißer Weste und weißer Fliege und die Hose sitzt ohne Gürtel. Wenn für die Herren die Outfitwahl sehr eingeschränkt ist, bietet sie den Damen die Chance zum großen Auftritt im Abendkleid. Edel, stolz und mit Ärmeln schreitet sie über den roten Teppich. Im gleichen Dress darf sie auch tagsüber zu besonders festlichen Anlässen erscheinen, wenn der Dresscode ihm einen *Cutaway* – oder *Cut* – vorschreibt.

UND WAS IST MIT SCHUHEN?

Immer wenn ein Dresscode vorgegeben ist, erwarten die Einladenden, dass die Dame als Dame erscheint und der Herr als Herr. Sie trägt in jedem Fall Damenschuhe – tagsüber Kitten Heels, zum Abendkleid High Heels – und er Herrenschuhe. Die beschriebenen Kleiderordnungen verbieten Turnschuhe und Sneakers jeder Fasson und Couleur, selbst wenn sie eine Damengröße haben sollten.

Abschließend noch einmal: Dresscodes sind keine Willkür. Ihnen zu folgen heißt nicht, in der Masse zu verschwinden. Nichts ist peinlicher, als falsch angezogen zu sein – und zwar sowohl under- als auch overdressed. Nachfragen zeugt von Professionalität und Souveränität. Dresscodes geben Veranstaltungen einen Rahmen. Sie passen – wie ich oben bereits gesagt habe – zum Anlass, zur Location, zur Dekoration. Sie sind nicht zuletzt ein Wunsch der Einladenden. Und wer wollte den nicht erfüllen?

WER SICH ÜBER EINEN DRESSCODE HINWEGSETZT, WIRKT NICHT BESONDERS INDIVIDUELL, SONDERN BESONDERS IGNORANT, INTOLERANT ODER HILFLOS.

Brautkleid bleibt Brautkleid

Penny ist die Tochter einer sehr guten Freundin. Eines Tages kam diese Freundin zu mir ins Atelier. Ich brauchte nicht lange, um zu merken, wie aufgelöst sie war. Wie jede gute Mutter freute sie sich ein Mutterleben lang auf die Hochzeit ihrer Tochter. Und auch jetzt, als sie vor mir stand, freute sie sich darüber, zumindest im Prinzip. Denn Penny hatte ihr am Abend zuvor am Telefon freudig mitgeteilt, dass sie verlobt sei. Ein echter Freiherr hatte um Pennys Hand angehalten, kein verarmtes Blaublut, sondern einer von altdeutschem Adel. Meine Freundin erzählte mir, wie aufgelöst sie beide waren und dass sie im Laufe des Telefonats geweint hatten. Vor Freude und vor Sorge zugleich, denn ihnen war sehr wohl bewusst, was da alles auf sie zukommen würde.

»Thomas, du musst uns helfen«, flehte sie. »Seine Familie richtet die Hochzeit aus!«

Zuerst einmal musste ich sie beruhigen, und wie man weiß, wirkt ein guter Crémant meist Wunder bei so einem Schreck. Natürlich würde ich Penny helfen. Aber wovor hatten Penny und ihre Mutter solche Angst? Sie hatten Angst, etwas falsch zu machen. Sie hatten Angst vor all den Regeln und Konventionen, die es gibt im Umgang mit dem Adel im Allgemeinen und bei einer Hochzeit mit einem Adligen im Besonderen. Sie hatten Angst vor der Etikette, Angst davor, den Ansprüchen nicht zu genügen.

Denn die Familie des Bräutigams, sie ist im Besitz von Gutshöfen und Ländereien, hatte bereits durchblicken lassen, dass man an eine klassische, würdevolle Hochzeitsfeier denke. Man rechnete mit mehr als zweihundertfünfzig Gästen, zweihundert von Seiten des Bräutigams und fünfzig von Pennys Seite. Selbst entfernteste Verwandte sollten eingeladen werden, Herzoge, ja sogar Fürsten würden sich die Klinke in die Hand geben! Da musste alles bis in die Haarspitzen geplant werden, und zwar innerhalb von gerade einmal drei Monaten ...

Aber das war nicht die größte Sorge meiner guten Freundin. Ihre größte Sorge galt, wie es sich für eine Mutter gehört, ihrer Tochter Penny. Sie hatte Angst, dass Penny an den Anforderungen, die an sie gestellt werden würden, zerbrechen könnte. Dass die Konventionen und Rituale, die verborgenen Fallstricke und Fettnäpfchen am Ende ihre Liebe und ihr Glück gefährden könnten.

Diesen Zahn musste ich ihr ziehen. »Darling«, sagte ich und klatschte in die Hände, »das wird eine tolle Hochzeit werden, mach dir da mal keine Sorgen. Woher kommen denn unsere Vorstellungen von einer Traumhochzeit? Aus dem Fernsehen. Vom Hochadel. Von den Royals.« Ich konnte meine eigene Aufregung kaum mehr verbergen. »Glaub mir, da werden die Bräute auf Händen getragen, etwas anderes können die sich gar nicht erlauben. Es ist alles halb so wild! Freut euch auf die Hochzeit, und ich suche mit Penny das Brautkleid aus!«

Ein paar Tage darauf stand Penny etwas unbeholfen mit zwei Brautkleidern und ihrer Mutter bei mir ihm Atelier. »Zieh an«, sagte ich freudig, »steig hinein in das Unschuldsgewand!« Sie verschwand hinter dem Paravent, um bange Minuten später, gehüllt in ein schneeweißes, völlig übertülltes Etwas, hervorzukommen.

Penny sah mir an, dass etwas nicht in Ordnung war. Sofort war sie noch unsicherer. »Entschuldige, Liebes«, sagte ich sanft, aber bestimmt, »das geht nicht. Dieses Kleid ist zu weiß. Reinweiß – das geht nur im Krankenhaus. Wir müssen einen weicheren Ton für dich finden, etwas Creme- oder Eierschalenfarbenes.« Reines Weiß, bläulich schimmerndes Weiß, das sei an dieser Stelle generell gesagt, wirkt in der Fläche kalt und billig, davon lässt man in jedem Fall die Finger, es sei denn, es handelt sich ausnahmsweise um eine strahlend weiße Bluse oder ein sommerliches T-Shirt auf knackig gebräunter Haut. Aber nicht bei einer Hochzeit.

REINES WEISS, BLÄULICH SCHIMMERNDES WEISS WIRKT IN DER FLÄCHE KALT UND BILLIG.

Ich musterte die Braut noch einmal ganz genau. »Außerdem, Penny, sieht man in dem Kleid deine Füße, die zwar entzückend sind wie alles an dir, aber zu diesem Anlass geht das nicht, das Kleid muss fast, oder besser ganz, bis zum Boden reichen. Der Saum sollte höchstens einen Zentimeter über dem Boden enden.«

»Und wie soll ich mit so einem Kleid laufen?«, fragte mich Penny. »Ganz einfach, mit kleinen, eleganten, sorgfältigen Schritten.« – »Das muss ich üben«, sagte sie geknickt. Wie süß. Ich lächelte. »Weißt du, Penny, den Hochzeitswalzer übt ihr ja auch, und glaub mir, auch Lady Di und Kate haben das geübt. Das braucht ein wenig, aber du wirst sehen, schon bald geht es wie von selbst, und du verschwendest keinen Gedanken mehr daran.«

»Und wenn ich falle?« – »Du wirst nicht fallen. Beim Gehen hebst du den Rock leicht an, oder du stößt einfach mit den Schuhen gegen den Saum.« Ich zeigte es ihr. »Und solltest du doch stolpern, was nicht passieren wird, glaub mir, dann steht neben dir dein wunderschöner Freiherr und fängt dich auf. Wünscht er sich nicht eine Märchenhochzeit? Dann hat er sich auch wie ein Prinz zu benehmen.« Penny musste lachen. »Dafür braucht es keine Hochzeit. Ein Prinz ist er jeden Tag!«

DER SAUM EINES HOCHZEITSKLEIDS SOLLTE HÖCHSTENS EINEN ZENTIMETER ÜBER DEM BODEN ENDEN.

Das zweite Kleid ließ ich Penny gar nicht erst anprobieren. Es hatte keine Ärmel und keine Träger. Wenigstens die Schultern müssen bedeckt sein. Alles andere zeigt zu viel Haut. Eingeklemmte Dekolletés, hochgedrückte Fettpölsterchen unter den Achseln – und der Braut steht neben all der anderen Aufregung des Tages auch noch ständig die Sorge ins Gesicht geschrieben, dass das Kleid nach unten rutschen könnte.

»Weißt du, was wir machen? Wir machen dir jetzt ein Hochzeitskleid!«, sagte ich und holte einen großen Skizzenblock. »Das ideale Kleid, meine Schöne«, sagte ich zu Penny und zeichnete drauflos, »mein ideales Hochzeitskleid, hat einen U-Boot-Ausschnitt und lange Ärmel. Das Kleid ist eng tailliert, vorne schmal geschnitten und entschwindet nach hinten in einer Schleppe. Auf der Taille sitzt eine große Satin-Schärpe, die wir hinten zu einer Schleife binden. Die langen Schleifenbänder lassen wir ganz elegant fallen bis hinunter auf die Schleppe. Und die wird so lang, wie du es willst.«

Die Hochzeit sollte im Oktober stattfinden. In der Familie des Bräutigams heiratet man schon in sechster Generation im Oktober. Es könnte frisch werden, hatten sich Penny und ihre Mutter gedacht. »Was meinst du, vielleicht sollte sie einen eleganten beigefarbenen Blazer haben zur Sicherheit?«, fragte meine Freundin.

Ich schüttelte den Kopf. Ein Blazer zur Hochzeit ist tabu! »Wenn Penny fröstelt, wirft sie sich ein Cape über an diesem besonderen Tag, aber bitte niemals einen Blazer. Der einzige Blazer, den sie als Braut anziehen darf, ist der ihres Mannes am nächsten Morgen in der Hochzeitssuite.«

Auch wenn es noch einiges zu tun gab bis zur Hochzeit, Penny und ihre Mutter hatten ihre Sicherheit zurück. Penny würde von mir als Geschenk ein Kleid samt Cape bekommen, und ich riet ihr zu High Heels – und zu einem Paar passenden Ballerinas. »Nach dem dritten Tanz werden dir die Füße wehtun. Dann darfst du die Schuhe wechseln. Niemals, weder bei einer Adelshochzeit noch bei einer bürgerlichen, niemals tanzt die Braut barfuß!«

NIEMALS UND UNTER KEINEN UMSTÄNDEN TRÄGT IRGENDEINE FRAU AUSSER DER BRAUT WEISS ODER CREMEWEISS. MAN FLIRTET JA AUCH NICHT MIT DEM BRÄUTIGAM, ES SEI DENN, MAN IST DIE BRAUT.

Alles war gut. Doch Penny schien nachdenklich. »Mama«, sagte sie plötzlich, »müssen wir jetzt die Kleider der Brautjungfern nicht auch umtauschen?« – »Warum?«, fragte meine Freundin. »Na, weil die in einem ähnlich grellen Weiß sind wie mein ursprüngliches Kleid ...«

Ich verfluchte den Hochzeitsausstatter. Was für eine Beraterin hat der denn auf Penny losgelassen? Niemals und unter keinen Umständen trägt auf einer Hochzeit irgendeine Frau außer der Braut Weiß oder Cremeweiß. Gut, inzwischen muss man die eine wirklich unübertreffliche Ausnahme gelten lassen – Pippa bei Kate und William –, aber sie bestätigt letzten Endes nur die Regel. Man flirtet ja auch nicht mit dem Bräutigam, es sei denn, man ist die Braut. »Die Hochzeit gehört einzig und allein dem Hochzeitspaar«, sagte ich, »Adel hin oder her. Das ist dein Tag, Penny, und das ist deine Nacht.«

So viel sei an dieser Stelle verraten: Pennys Hochzeit war eine der schönsten Hochzeiten, auf denen ich je war. Die Braut bezauberte mit ihrer Ausstrahlung und Persönlichkeit den gesamten anwesenden Adel – und natürlich auch das Fußvolk! Edel verpflichtet.

Ein Kilo Frustgeshopptes

Unlängst habe ich geträumt, ich wache auf und weiß nicht, wo ich bin. Es war in einer Großstadt, aber ich wusste nicht, in welchem Land. Ich erinnere mich noch gut daran, dass ich mich frisch machte und schnell auf die Straße ging, um herauszufinden, wo ich mich befand. Ich lief die Straße hinunter, und währenddessen wandelte sich die Gegend vom Wohngebiet in eine Fußgängerzone und dann in eine einzige, riesige Shoppingmeile. Das machte mir klar, dass ich es war, der da durch meinen eigenen Traum spazierte. Markengeschäfte, wie es sie in jeder Großstadt gibt, mit bodentiefen, stilvoll dekorierten Schaufenstern säumten links und rechts meinen Weg. Und die zuvor noch parkenden Autos wurden zu Gruppen von Menschen, die sich durch die Straßen bewegten. Ich versuchte zu verstehen, was die Menschen sagten, in welcher Sprache sie redeten, aber ich konnte nichts hören. Der Traum entwickelte sich zu einem Albtraum. Ich fühlte mich zunehmend unbehaglicher. Ich versuchte gegenzusteuern. Ich blieb stehen. Ich schaute zu einem Kirchturm hoch und stellte fest, dass die Uhren hier anders tickten, schneller. Es war schon fast Mittag, als ich mich wieder den Passanten zuwandte. Sie liefen und liefen, trugen große Papiertaschen mit Schriftzügen bekannter Modelabels von Armani bis Zegna. Die Sonne stand jetzt im Zenit und brannte nieder auf die Stadt, und mit dem grellen Sonnenlicht fiel mein Blick auf die harten Gesichter der Menschen, als hätte ich sie vorher nur unscharf gesehen. Mit einem Mal war mir ganz klar, ich war nicht irgendwo in Europa, ich war in Deutschland, die Konturen wurden deutlich, und die Erkenntnis traf mich wie ein Schlag. Dann wachte ich auf.

In den Gesichtern der Passanten hatte ich ein sehr deutsches Phänomen erkannt – Frust. Sie trugen bis zum Rand gefüllte Einkaufstaschen, aber ihre Mimik sagte: »Ojemine, wann soll ich das nur alles anziehen? Warum bin ich eigentlich nicht zu Hause geblieben? Wer kocht heute zu Mittag? Und das ist *mir* doch scheißegal!«

Shoppen als Ablenkung, als Übersprunghandlung, als Frustabbau. Das mag ja alles für sich funktionieren. Aber was ist mit den Dingen, die unter diesen Umständen gekauft werden? Das sind in den seltensten Fällen hochwertige Bestecksets, die man auch noch zwanzig Jahre liegen lassen könnte, bis man wirklich mal ein neues Besteck braucht, weil sich die Schwiegermutter zum Weihnachtsessen eingeladen hat.

Nein, in der Regel sind es Modeteile, Kleidungsstücke, eben was zum Anziehen. Pullover in Farben, die Frust ausdrücken, Schuhe, die in zu kleinen Größen gekauft wurden, aber »irgendwie ganz süß« aussehen, Hosen, die am Knie gut sitzen, aber sonst: »Keine Ahnung ...« Um es auf den Punkt zu bringen: Alles Dinge, die aus der Tüte direkt in den Kleiderschrank wandern, wenn sie nicht ohnehin gleich mitsamt der Tüte in den Schrank gedonnert werden. Alles Teile, die beim nächsten Ausmisten garantiert zuerst von Bord gehen, es sei denn, man bekommt Skrupel, weil das Preisschild noch daran hängt. Es sind Dinge, die man gekauft hat und nie wieder anziehen wird. Wer Frustkäufe in Bekleidungsgeschäften beschönigt, den sollte die Fashion Police hart bestrafen. Zum Beispiel mit: fünf Jahre von Hand Knopflöcher paspelieren.

WER FRUSTKÄUFE IN BEKLEIDUNGSGESCHÄFTEN BESCHÖNIGT, DEN SOLLTE DIE FASHION POLICE BESTRAFEN.

Mag sein, dass man das eine oder andere Stück doch anprobiert hat. Aber dieser Vorgang wird dann eben auch im Frustmodus absolviert. Die Jacke wird bei der Anprobe angelassen, Hose aus, neue Hose an, einmal nach rechts gedreht, einmal nach links und dabei auf die Beine geschaut. Niemals ins eigene Gesicht. Man könnte sich ja erschrecken. Die Hose sitzt am Bein und wird gekauft. Wie hat sie sonst gesessen? »Uh, ehm. Keine Ahnung, ehrlich gesagt.« Es hat niemand darauf geachtet. Beim Frustkauf geht es auch nicht darum, tolle neue Anziehsachen zu entdecken. Es geht um die konditionierten Abläufe. Da wird immer in die gleichen Geschäfte gerannt. Tag für Tag oder zumindest Samstag für Samstag. Mal ehrlich, wenn es keine Umkleiden gäbe, wie viele von uns würden auch ohne Anprobe kaufen? Die allermeisten.

DAS RICHTIGE EINKAUFEN WILL GELERNT SEIN. NEHMT EUCH MEHR ZEIT DAFÜR. DAS IST ENTSCHEIDEND FÜR EINEN ERFOLGREICHEN TAG.

Ich will jetzt keiner Shoppingkultur das Wort reden oder das große Loblied vom Konsum singen, und doch glaube ich, obwohl wir es fast jeden Tag machen, haben wir das richtige Einkaufen nie gelernt. Und falls doch, dann haben wir es längst wieder verlernt. Ich habe von meiner Großmutter gesagt bekommen, dass Einkaufen etwas Besonderes ist. Immer montags holte sie uns Enkel ab, und zusammen fuhren wir die Stadt. »Hier, Thomas, möchte ich mich nur kurz unterhalten«, sagte sie knapp, und wir betraten die Geschäfte. Großmutter wechselte ein paar Worte mit der befreundeten Geschäftsführerin, und in mir wuchs, so glaube ich heute, in diesen Momenten, während deren ich mich unbeachtet in den herrlichen Boutiquen umsehen konnte, unbewusst der Wunsch, einmal etwas mit Mode zu machen.

Liebe Frauen, ihr müsst eure Söhne und Enkel nicht zum Shoppen mitnehmen, damit sie irgendwann einmal Designer werden. Aber ihr solltet den Einkaufsausflug, das Flanieren, die Schaufensterbummelei, den Cappuccino und das Schokoladeneis, die verzweifelt-lustige Suche nach dem Auto im Parkhaus und das Verweilen auf einer Bank in der Fußgängerzone als Teil des Shoppens kultivieren. Das ist entscheidend für einen erfolgreichen Einkaufstag und nicht, wie viele Tüten ihr zu Hause hinstellt. Fragt euch einfach, ob es schön war. Hattet ihr einen wundervollen Tag? Habt ihr Freundinnen getroffen, den neuesten Klatsch und Tratsch ausgetauscht? So geht Shopping. Es ist ein Event. Vergesst die Einkaufslisten zu Hause und lasst euch ruhig zwei Stunden lang beraten in den Modeboutiquen. Und wenn es den Söhnen und Enkeln gefällt, umso besser: Dann können sich eure Töchter und Enkelinnen freuen, dass kommende Generationen von Männern nicht hilfeschreiend Deckung suchen hinter Fernseher und Sportschau, wenn ihre Frauen sie bitten, mitzugehen, um ein neues Kleid auszusuchen. Sie werden sich den Schal umwerfen und fragen: »Schatz, bist du fertig? Wir wollten doch shoppen gehen.« Wäre das nicht ein wahrhaft schöner Traum?

==BEIM FRUSTKAUF GEHT ES NICHT DARUM, TOLLE NEUE ANZIEHSACHEN ZU ENTDECKEN. ES GEHT UM DIE KONDITIONIERTEN ABLÄUFE.==

Die Kleidungsstücke, die ihr an so verbrachten Tagen am Abend aus den Tüten nehmt, werden nicht wie das Frustgeshoppte auf Nimmerwiedersehen in den dunklen Tiefen des Schranks verschwinden. Frustshoppen lohnt sich nicht. Denn falls ihr später mal wieder in die Tüten schauen solltet, ist der Frust gleich wieder da. Es ist ein Teufelskreis der schlechten Laune. Finger weg. Mode braucht Zeit. Ein Auto kauft ihr ja auch nicht mal so im Vorbeigehen. Es muss euren Ansprüchen genügen, es muss zu euch und zu eurem Budget passen. Ihr müsst euch darin wohlfühlen, der Sitz muss bequem, aber auch sicher sein. Bei der Mode ist das im Grunde nicht anders. Aber gerade hier kann es vielen nicht schnell genug gehen. Später lauft ihr dann mangels Alternativen im Frustgeshoppten draußen herum und fühlt euch unwohl. Ist das ein Wunder? Darum, Mesdames, nehmt euch mehr Zeit zum Shoppen.

Gerne auch online. Das ist entspannend und man kann, nachdem die Ware geliefert wurde, so lange anprobieren, wie man will, ohne dass einen die verwunderte Verkäuferin nach zwei Stunden Hin und Her zwischen Umkleide und Spiegel anspricht, als sei man in einer Nervenheilanstalt besser aufgehoben. Wenn's nicht passt, einfach zurück damit. Oder zum Schneider. Und weil der in der Innenstadt ist, könnt ihr den Besuch bei ihm gleich mit einem Schaufensterbummel verbinden. Vielleicht findet ihr ja etwas Schönes. In einer Boutique, die ihr vorher noch gar nicht gesehen habt. Ein Traum.

FRUSTSHOPPEN
LOHNT SICH NICHT.
ES IST EIN
TEUFELSKREIS
DER SCHLECHTEN
LAUNE.

Floh im Ohr – Come to Where the Vintage Lives

gal ob Flohmarkt oder Secondhandstore, ob Trödelladen oder Garagenverkauf. Schmuddelig war gestern! Wer selbst keine Erbstücke von Urgroßmutter mehr sein Eigen nennen kann oder gerade auf sein Budget achten muss, der wird hier sicher fündig. Klassiker und schicke Designermode gekonnt mit gebrauchten Stücken zu kombinieren ist und bleibt einfach die coolste Art, den eigenen Stil zu prägen. Und wer ein wenig recherchiert und sich die Zeit nimmt, der findet so nicht nur echte Schätze für den Kleiderschrank, sondern kann zu jedem einzelnen Stück auch eine ganz persönliche Geschichte erzählen.

DAS GUTE LIEGT SO NAH – AUF NACH BERLIN!

Die Vintage-Läden in der Hauptstadt haben nicht nur eine tolle Auswahl, sie haben einfach auch die besten Namen: *O.F.T.* in der Chausseestraße heißt zum Beispiel so, weil *ohne Frage toll*. Dort kann man zu den Klamotten gleich auch noch nach passenden Möbeln Ausschau halten. Bei *Tragfläche* in der Pappelallee findet man vor allen Dingen Anziehsachen aus den Sechzigern bis Achtzigern.

Schlucken muss ich manchmal bei *Made in Berlin* in der Neuen Schönhauser Straße, gleich um die Ecke vom Hackeschen Markt.

Die sind zwar ziemlich gut sortiert, und deshalb lohnt es sich, ab und an einen Blick zu riskieren, und bestimmt sind die meisten Teile immer noch günstiger als bei ähnlichen Adressen in London und Paris, aber manchmal kann man bei den Preisen schon ganz schön ins Staunen kommen.

BERLIN, DÜSSELDORF, LONDON, NEW YORK, ANTWERPEN, WIEN UND FLORENZ – HIER WIRD MAN FÜNDIG, AUCH MIT EINEM KLEINEREN BUDGET!

Aus der Online-Welt hinein ins reale Berlin hat sich *Das neue Schwarz* entwickelt. Die Webseite ist jederzeit einen Klick wert, so herrlich klar kommt sie daher, viele Fotos, ganz minimalistisch, und nicht nur Bilder von irgendwelchen Pieces, da sind Leute mit viel Gespür für Stil unterwegs. In der Mulackstraße findet man denn auch keine Klamotten von den Modeketten dieser Welt, sondern nur gebrauchte Stücke von den Designern dieser Welt. Die sind in der Regel nicht billig, aber im Vergleich zum ursprünglichen Ladenpreis echte Schnäppchen – und vor allen Dingen ziemlich gepflegte Stücke.

Ein echter Hingucker ist auch *Garments Vintage Clothing* in der Stargarder Straße. Ein Großteil der hier zum Verkauf angebotenen Stücke stammt aus dem Fundus von Filmdrehs. Leider erfährt man nicht, von welchem Streifen, da hilft nur, nach dem Shoppen schnell nach Hause und die Flimmerkiste anschalten, vielleicht begegnet einem dort ja zufällig das eben gekaufte Teil an der Hauptfigur.

DÜSSELDORF, MY LOVE

Hier fühle ich mich einfach rundum wohl. Die Stadt am Rhein ist wunderschön, hier wohne ich, hier arbeite ich, hier entspanne ich. Und Düsseldorf ist unbestritten eine der wichtigsten Modestädte Deutschlands. Fast alle Designer haben hier ihre Showrooms, hier werden die Geschäfte gemacht. Es ist immer wieder ein vergnügliches Unterfangen, die Kaiserswerther Straße entlangzubummeln und rechts und links zu sehen, wer hier alles von Rang und Namen vertreten ist. Und weil jede Frau einfach mindestens ein Chanel-Vintage-Teil besitzen muss, empfehle ich unbedingt einen Besuch bei *Couture 2nd* in der Hohe Straße 20. In diesem charmanten Laden, der bis vor kurzem *Coco 2nd* hieß, findet man alles, was man sucht, und noch viel mehr. *Couture 2nd* führt vor allem Stücke von Chanel und Hermès, es gibt hier aber auch andere ausgesuchte Designerkollektionen. Lasst euch überraschen!

LONDON – BORN TO SHOP

Gerade in einer Stadt wie London ist Vintage alles andere als gleichbedeutend mit Schnäppchen. Ich bin regelmäßig in der tollen Stadt an der Themse, um mich inspirieren zu lassen von der klassischen Art der Briten. Dabei stöbere ich durch die Läden des *Camden Passage Market* – nicht zu verwechseln mit dem *Camden Stables Market* – in Islington. Handeln ist dort nicht wirklich einfach, das ist es in London nie, und hier kennen die Besitzer den Wert ihrer Schätzchen, aber die Gegend ist die reinste Fundgrube, und auch wenn ich nichts kaufe, Inspiration finde ich hier immer. Unbedingt sollte man einen Blick in den Laden mit dem schönen Namen *Cloud Cuckoo Land* werfen, da kommt man sich wirklich vor wie in Wolkenkuckucksheim. In dem kleinen Laden mit der klassischen britischen Ladenfront aus Holz in sattem Türkis findet man Kleider, Röcke, Mäntel von Viktorianisch über Pieces aus den Sechzigern bis hin zu modernen Designerstücken.

Ein Muss für alle Jäger des verlorenen Schatzes ist das *What Goes Around Comes Around*. Der Laden im *Camden Market* – auch *Camden Stables Market* – war ursprünglich spezialisiert auf Vintage-Trainingsanzüge. Inzwischen ist das Angebot etwas weiter gefasst, und eigentlich findet man dort immer einen echten Hingucker und auch wirklich seltene Stücke, teilweise sogar noch in der Originalbox.

Schlichtweg erschlagen wird man von dem riesigen Angebot bei *Absolute Vintage* in der Hanbury Street genauso wie bei *Beyond Retro* in der Cheshire Street im Osten der Stadt. Da weiß ich nie, wo ich anfangen soll, so viele Accessoires, Handschuhe und Schuhe reihen sich dort aneinander. Und damit aus dem Shoppen ein echtes Erlebnis wird, spielen im *Beyond Retro* samstags oft auch Live-Bands. Da muss man sein Geld wirklich zusammenhalten.

NEW YORK, NEW YORK

In den USA machen sie selbst aus Secondhandstores Ladenketten. *Buffalo Exchange* ist trotzdem einen Besuch wert, in New York gibt es gleich drei Filialen, in Chelsea, im East Village und in Williamsburg. Überhaupt findet man einige der besten Adressen in Sachen Vintage in Brooklyn, allerdings ändert sich hier vieles sehr schnell, sodass man die Straßen in Williamsburg und den angrenzenden Vierteln am besten in Ruhe durchstreift, auf der Suche nach dem coolsten Vintage-Mitbringsel aus dem Big Apple.

ANTWERPEN, DIE HEIMLICHE HAUPTSTADT DER MODE

Antwerpen ist ein Kleinod von einer Stadt und immer eine Reise wert. Außerdem ist Antwerpen so etwas wie die heimliche Hauptstadt der Modedesigner. An der dortigen Kunstakademie Mode zu studieren kommt einem Ritterschlag gleich, und viele bekannte Designer haben hier ihre Studienzeit verbracht. Dazu gehören zum Beispiel die Antwerp Six. Namen wie Dries Van Noten, Mode-Punk Walter Van Beirendonck, Raf Simons oder Ann Demeulemeester haben dafür gesorgt, dass die Stadt und die belgischen Designer mitten im internationalen Modebusiness angekommen sind. Ein eigens gegründetes Flanders Fashion Institute sorgt dafür, dass die Absolventen der Kunstakademie nicht lange ohne Job bleiben.

In Antwerpen kann man nicht nur – zu durchaus gesalzenen Preisen – wunderschöne antike Möbel erwerben, es gibt auch einige erstklassige Secondhandstores. Allen voran *Pardaf* in der Gemeentestraat: Untergebracht in einem wundervollen Stadthaus sind hier drei Stockwerke allein der Damenmode vorbehalten. Man findet auch das eine oder andere schicke Designerteil, aber vor allem vieles aus der Rubrik gut und günstig. Außerdem haben sie immer eine große Auswahl an Schuhen und Handtaschen.

Unbedingt vorbeischauen muss man auch im *Foxhole* in der Reyndersstraat, einem kleineren Laden, der durch seinen guten

SCHMUDDELIG WAR GESTERN! KLASSIKER UND SCHICKE DESIGNERMODE GEKONNT MIT GEBRAUCHTEN STÜCKEN ZU KOMBINIEREN, IST UND BLEIBT EINFACH COOL.

Umsatz aber einen steten Fluss an Neuzugängen und Entdeckungen garantiert.

VIENNA CALLING

Wien hat viele kleine Läden mit den wirklich großen Namen zu bieten. Das *Sunny June* in der Währinger Straße ebenso wie das *Vermani* in der Nisselgasse bieten alles, was das Markenherz begehrt, ebenso wie das *Bocca Lupo* in der Landskrongasse oder das *GiGi* in der Zedlitzgasse. Hier merkt man, dass in Wien nicht nur der gute Geschmack, sondern durchaus auch einiges an Geld zu Hause ist. Und das dreht und dreht, davon darf man durchaus einmal profitieren. Wohnen kann man passend zum Shopping-Wochenende übrigens ganz wunderbar im *Hotel Altstadt Vienna* gleich um die Ecke vom Museumsquartier.

FIRENZE – FACCIAMO UNA PASSEGGIATA!

Italien ist ein Synonym für Mode, für Geschmack, für Stil. Und auch für Vintage-Jäger ist bella Italia ein heißes Pflaster. Ganz besonders lohnenswert ist ein Besuch in Florenz. Und dort vor allem die *Elio Ferraro Gallery/Shop* in der Via del Parione. Hier sitzt jemand ganz nah an der Quelle. Gucci, Gucci, Gucci, aber auch Dior und andere Designgrößen findet man in diesem wundervollen Geschäft.

Thomas' Tipps

uch eine Frau mit einem guten Selbstbewusstsein, eine Frau, die weiß, wer sie ist, und die weiß, was ihr steht, wählt ihr Outfit nicht jeden Tag im Handumdrehen aus. Im Gegenteil. Sie befolgt ein paar Grundregeln.

Um euch den Alltag ein bisschen zu erleichtern, Mesdames, gerade an Tagen, an denen man selber nicht so ganz bei den Dingen ist, gibt's an dieser Stelle ein paar praktische Tipps von mir. Manche davon benötigen etwas mehr Zeit und Muße, andere eignen sich für jeden Augenblick und lassen sich direkt anwenden, aber seht selbst.

EIN FALL FÜR ZWEI

Hast du die ultimative Jeans gefunden – ja genau, das ist die, die vor allem am Po besonders gut sitzt –, rate ich dir: »Kauf mindestens zwei Paar davon.« Das spart Zeit und entschärft den nächsten Shoppingtrip: »Ach, nö, heute suche ich keine neue Hose, ich hab ja noch ...« Und was passiert, wenn man etwas ganz fest sucht und dann wieder vergisst? Genau! Just in dem Moment findet man es endlich! Da macht es auch keinen Unterschied, ob man auf der Suche war nach einem Mann oder nach einer Jeans. Das ist ein Universalgesetz. Völlig entspannt stoßt ihr beim Schaufensterbummel zufällig auf eine Jeans, die noch besser sitzt. Bingo! So kauft man heute. Bei den Männern sollte man wohl allerdings einfach zufrieden sein mit dem, was man hat. Ansonsten beschränkt sich der Trend zum Zweitteil aber beileibe nicht nur auf die Jeans. Auch bei Blusen und Wäsche hat er Sinn, besonders bei BHs.

EINGEWÖHNUNGSPHASE

Ein gutes Parkett wird mindestens zwei Tage in dem Raum gelagert, in dem es später einmal verlegt werden soll. Ich habe das Gefühl, für Mode und denjenigen, der sie trägt, ist das auch eine gute Idee. Gebt euch und euren neuen Teilen ein wenig Zeit, euch gegenseitig kennenzulernen. Vor allem ihr müsst euch doch erst an das neue Kleid gewöhnen. Kleider, Blusen und auch Hosen machen nicht jede eurer unbewussten Bewegungen gerne mit. Die werden zwar auf Alltagstauglichkeit getestet und von Robotern malträtiert, aber jeder Mensch bewegt sich ja ganz einzigartig. Bewegt euch also im neuen Kleid nicht nur kurz vor dem Spiegel, sondern lauft auf und ab und schaut, wie es reagiert. Wenn es störrisch bleibt, findet einen Kompromiss. Wenn ihr nach ein paar Minuten schon vergessen habt, dass ihr das Teil zum ersten Mal tragt, nichts wie ab zur Kasse.

> GEBT EUCH UND EUREN NEUEN TEILEN EIN WENIG ZEIT, EUCH GEGENSEITIG KENNENZULERNEN.

Auch Schuhe müsst ihr erst kennenlernen, bevor ihr euch mit ihnen auf der Straße zeigt. Während des ersten Dates klingelt ihr ja auch nicht bei der besten Freundin an der Tür und sagt: »Marie, guck, das ist übrigens Justus, mein Neuer. Justus, Marie. Marie, Justus.« Ihr müsst mit jedem Paar Schuhe aufs Neue laufen lernen. Wenn die Schuhe und ihr dann ein eingespieltes Team seid, dann ab auf den Laufsteg, der da Leben heißt! Und Marie wird Augen machen.

WENN IHR EUREN MANN LIEBT, HÖRT BITTE AUF, SEINE JEANS ZU BÜGELN.

ICH PACKE MEINE CLUTCH UND NEHME MIT ...

... mein Handy, die Kreditkarte, zwanzig Euro fürs Taxi, einen Lippenstift und Puder. Dazu Ballerinas, falls die Füße mal eine Entspannung brauchen. Die einfachen Ballerinas aus den Asia-Läden kann man in der Regel am kleinsten zusammenrollen. Mehr braucht ihr wirklich nicht bei einem Abendkleid-Event. So könnt ihr in Zukunft eine Menge Zeit sparen. »Was brauche ich denn alles?« ist doch eine der Frauenfragen, die die längsten Antworten nach sich ziehen.

ICH HASTE IN PLASTE

Nichts ist schlimmer als der Irrtum, Jogginghosen seien die aus Ballonseide. Nein. Wenn ich schreibe, ein gutes, bequemes Reiseoutfit beginnt mit einer Jogginghose, dann meine ich eine aus dickem Sweatshirt-Stoff, also aus Baumwolle. Und bitte sucht eine mit geradem Bein aus, eine ohne Bündchen an den Fußgelenken. Alles andere ruft die Fashion Police auf den Plan. Ein blauer Club-Blazer dazu, und »ich habe fertig«.

EIN GUTES, BEQUEMES REISEOUTFIT BEGINNT MIT EINER JOGGINGHOSE.

ANTIBÜGELSTÄRKE

Lässigkeit ist auch für weiße Blusen da. Bügelt sie nicht. Schon gar nicht mit Sprühstärke. Wenn ihr im Ausland in einer solchen Brettbluse unterwegs seid, werdet ihr sofort als Deutsche enttarnt. Und das ganz ohne Bierbauch und Lederhose.

Die Bluse hängt ihr zum Trocknen auf einen breiten, durchsichtigen oder weißen Plastikbügel, das reicht, um sie in Form zu bringen. Der Rest passiert am Körper.

Dass ihr Wäsche, Socken und Jeans nicht bügeln müsst, hat euch bestimmt schon jemand gesagt. Gebügelte Jeans sind das Furchtbarste, was man an den Beinen tragen kann. Lieber unrasiert als ein Denimbein mit Bügelfalte, ganz ehrlich. Und wenn ihr euren Mann liebt, hört bitte auf, seine Jeans zu bügeln.

WAS PASSIERT,
WENN MAN ETWAS GANZ
FEST SUCHT UND DANN
WIEDER VERGISST? GENAU!
DA MACHT ES AUCH KEINEN
UNTERSCHIED, OB MAN
AUF DER SUCHE WAR NACH
EINEM MANN ODER NACH
EINER JEANS. DAS IST EIN
UNIVERSALGESETZ.

II

Drunter und drüber

Strickmuster

*P*lötzlich waren die Kaschmirziegen weg. Auf einen Schlag ausgestorben. Ich hatte einen Haufen Arbeit. Ich war der Hirte jener wertvollen Herden von Kaschmirziegen, die durch das asiatische Hochland streifen. Ganz allein war ich verantwortlich für alle Kaschmirziegen dieser Welt. Für all die meckernden Edeltiere, die für uns ihr Fell abgeben. Es waren Millionen. Und auf einmal waren sie tot. Wo ich auch hinschaute, überall nur Ziegen. Abgemagert, verhungert, verreckt. Es gab zu viele von ihnen, und ich konnte ihr Sterben nicht mehr verhindern. Schweißgebadet wachte ich auf. Ich habe geträumt – von Cashmere in Kaschmir.

Wenn es so viel Cashmere gäbe, wie uns die Etiketten von Schals und Pullovern und die Werbung der großen Modehäuser weismachen wollen, dann würden auf unserem Planeten tatsächlich Millionen von Kaschmirziegen rummeckern. Aber nicht überall, wo Cashmere draufsteht, ist auch wirklich Cashmere drin, und nicht alles, was so angepriesen wird, stammt wirklich vom Bauch dieser Tiere. Dort nämlich, an der Unterseite also, wächst das feinste Fell, die beste Qualität. Die meisten Cashmerequalitäten, die man als Strick verarbeitet kaufen kann, sind leider, wenn sie überhaupt von einer Kaschmirziege stammen, nicht vom Bauch. Meist wird noch ein großer Anteil anderer Wolle mitverarbeitet, von artverwandten Tieren, oder man nimmt einfach das ziemlich struppige Rückenhaar von Kasch-mirziegen.

Schlechte Qualitäten sind leicht am Preisschild zu erkennen. Wenn ich mich dabei erwische, wie ich ein Angebot als unschlag-bar günstig erachte, weiß ich schnell, dass es nicht viel mit Cash-mere zu tun haben kann. Vermutlich stammt die Wolle höchs-tens aus einer Region, in der auch Kaschmirzeigen grasen.

Wenn wirklich nur der Preis den Unterschied zwischen zwei Wollqualitäten machen würde, wäre es nicht tragisch. Aber schlechtere Qualitäten bringen leider bald nach dem Kauf weite-re negative Eigenschaften mit sich. Sie neigen sehr viel ausge-prägter zum sogenannten Pilling, zur unerwünschten Knötchen-bildung. Daher müssen sie regelmäßig sorgfältig rasiert werden, nur so kann man den Strick vom Knötchen befreien. Je schlech-ter die Qualität, desto häufiger muss man das tun. »Kaufst du bil-lig, kaufst du doppelt«, hat schon meine Großmutter immer ge-predigt, zumindest aber hat man eine Menge Arbeit mehr.

NICHT ÜBERALL, WO CASHMERE DRAUFSTEHT, IST AUCH WIRKLICH CASHMERE DRIN.

Alles, was bei richtigem Cashmere nach dem Kauf kommt, ist Luxus und Genuss. Keine andere Wolle ist so anschmiegsam, so edel, so fein, wie das glamouröse Bauchfell dieser Meckertrinen von den steilen Hängen des Himalaya. Selbst mit einem Rollkra-gen engt ein Cashmerepulli nicht ein. Wobei wir an dieser Stelle festhalten wollen, dass die Zeit der Rollkragen für immer vorbei ist! Die Angehörigen der Old-fashioned-Fraktion, die eine Perlen-

kette über einem Rollkragenpullover tragen, vererben ihren Stil heute zum Glück nicht mehr so oft. Stattdessen sehe ich immer häufiger die klassischen Twinsets, wie sie Grace Kelly einst zu tragen wusste, und das macht Hoffnung. Ein leichter Cashmerepullover und darüber in ebenso leichter Qualität ein Cashmerecardigan, ein Strickjäckchen. Das ist der edelste Zwiebellook, den man sich vorstellen kann, und warm hält er noch dazu.

NIEMALS WIRD DER KAMELHAARMANTEL AUS DER MODE KOMMEN.

Sind die Winter nicht gar so hart, tun es Cardigan und Pullover wahlweise auch alleine. Aber ihr gemeinsamer Auftritt bleibt der gelungenste. Stilvollendet legt sich eine Frau das Jäckchen nur über die Schultern und trägt beides bitte schön im selben Farbton. Die besten Farben für Strick sind Dunkelblau, Grau und Gebäckfarben, die Farben aus der Keksdose, sage ich immer. Strick in diesen Farben gehört in jedem Kleiderschrank zur absoluten Grundausstattung.

Besondere Aufmerksamkeit erlangt man mit leuchtenden Strickfarben: In Pink oder Türkis sorgt Cashmere für den Twist im Classic-Outfit. Gerade wenn Frau einen schlechten Tag hat, wirken diese Leuchtfarben Wunder.

Wenn ich an Strick denke, denke ich in der Regel auch an Cashmere. Und zwar ausschließlich an rechtsmaschig gestrickten Cashmere. Also ohne Muster wie Zöpfe oder Rauten. Sie polstern selbst sehr schlanke Silhouetten auf, und wer wünscht sich das schon? Das geht allenfalls in Zermatt oder in Kitzbühel beim Après-Ski. Und beim Strickponcho. Er ist ein sehr moderner Ersatz für die Strickjacke in den Übergangsphasen, bevor der Winter knackig kalt wird. Hier dürfen sie sich austoben, die Zöpfe und Rauten, die klassischen Norwegermuster. Ich würde sogar noch einen Schritt weitergehen und sagen: Der Strickponcho ist auch erlaubt, wenn er nicht aus Cashmere ist. Es gibt ja auch noch andere Wollproduzenten. Das Merinoschaf liefert tolle, wärmende Wolle, die zwar schwerer ist als Cashmere, aber eben auch noch ein bisschen wärmer.

EIN LEICHTER CASHMERE-PULLOVER UND DARÜBER IN EBENSO LEICHTER QUALITÄT EIN CASHMERECARDIGAN, EIN STRICKJÄCKCHEN. DAS IST DER EDELSTE ZWIEBELLOOK, DEN MAN SICH VORSTELLEN KANN.

Für den Mantel ist Kamelhaar das Beste, was die Herden der Welt nur herzugeben vermögen. Verarbeitet zu einem schicken Blazermantel und in seinem Naturton belassen, kommt es am schönsten zur Geltung. So ein Teil zählt zu den Klassikern

schlechthin und gehört in jeden Kleiderschrank. Für alle Zeiten. Niemals wird der Kamelhaarmantel aus der Mode kommen. Ganz im Gegensatz zu Angora. Da überkommt mich heute noch ein kaltes Grausen. Pullis aus den ausgekämmten Haaren der Angorakaninchen haben sich die Frauen in den achtziger Jahren in der Küche vor dem geöffneten Gefrierfach angezogen. Dort hat man sie gelagert. Frost sollte die Wolle zusammenhalten. Eine große Mode damals, heute haben die Fischstäbchen ihren Platz wieder zurückerobert. Zu Recht. Denn wenn es etwas gab, das fluste wie ein Steppenrind beim Fellwechsel, dann waren es die Angorateile. Folgerichtig ist beim Thema Strick nur eines ausgestorben: Angora. Alles andere, besonders die begehrtesten Zicken der Welt, stehen nicht trotz, sondern gerade wegen der großen Nachfrage noch auf keiner roten Liste.

Spitzenauftritt

b im Job, ganz alltäglich zu Hause, im Urlaub, im Flieger, auf Partys, Galas oder Feiern, ob beim Flanieren, beim Shoppen, Kaffeekränzchen, Telefonieren, Chatten oder im Schlafzimmer: Ein Outfit beginnt immer, immer, immer mit der richtigen Wäsche. Egal, was darüber getragen wird, man wird immer sehen, ob das Darunter ordentlich sitzt oder nicht.

Wäsche ist so wichtig, dass sie nur nach einer Anprobe gekauft werden kann. Das gilt zumindest für BHs. Natürlich gibt es sie in standardisierten Größen, aber die gibt's auch bei Schuhen, und die werden bekanntlich auch anprobiert vor dem Kauf. Wäsche ist zuallererst, und das muss man immer wieder deutlich sagen, kein Accessoire. Sie ist vielmehr überlebenswichtig für jeden *Classic with a twist*. Der BH muss sitzen, muss stützen, muss pushen. Mit ihm definiert man Weiblichkeit. Je schöner die Busenfalte, desto beeindruckender das Dekolleté – bei allen Busenmaßen. Man kann, und das gilt auch bei Wäsche, die eigene Konfektionsgröße nicht verbergen, indem man dieses oder jenes anzieht. Man kann die Figur in Form bringen, und das sollte man auch, und dann, ich wiederhole mich und das tue ich an dieser Stelle besonders gern, sollte jede Frau einfach zu sich stehen. Der Sexappeal einer Frau steigt mit ihrem Selbstbewusstsein. Nicht nur im Schlafzimmer, auch im Alltag.

Ein BH für den Alltag ist schlicht, seine Farbe reicht von Nude bis Bronze und er hat möglichst wenige oder am besten gar keine Nähte, denn die drücken schon nach kurzer Zeit. Der BH für den Alltag soll stützen und nicht auffallen, dann passt er auch zum Bürooutfit. Der andere BH, der für das nicht ganz so Alltägliche, darf Spitze haben, gepunktet, gestreift oder auch mal getigert sein. Aber auch er muss zum Outfit passen. Je weniger Teile zum BH dazukommen, desto auffälliger darf er sein.

EIN OUTFIT BEGINNT IMMER, IMMER, IMMER MIT DER RICHTIGEN WÄSCHE.

Allen BHs gemein ist, dass sie bitte im Set mit einem Höschen gekauft werden. Immer muss der BH zum Höschen passen, und die Wäsche muss frisch sein. Stellt euch nur mal vor, ihr findet euch in einem Spontandate wieder oder habt einen Unfall und müsst ins Krankenhaus! Vielleicht kein Skandal im eigentlichen Sinn, aber ganz schön peinlich, nicht? Wenn ihr den BH nicht jeden Tag wechseln wollt, kauft ihr am besten gleich mehrere Höschen zu einem BH. Oder ihr wascht das Höschen schnell vor dem Zubettgehen. Das ist keine große Sache, aber bitte darauf achten: Spitzen immer mit Shampoo waschen!

DER SEXAPPEAL EINER FRAU STEIGT MIT IHREM SELBSTBEWUSSTSEIN.

Das Höschen sollte immer eine Panty sein. Sie bringt den Po in Form, und wenn das Bündchen einmal zwischen Bluse und Jeans

hervorlugt, kann die Fashion Police getrost auf dem Revier bleiben. Kommen allerdings die Bindfäden eines Tangas zum Vorschein, gibt's sofort Großalarm. Tangas und Strings werde ich nie verstehen. Die sehen noch nicht einmal ausgezogen sexy aus. Im Gegenteil, sie sehen billig aus und sind es auch in der Herstellung. Sie sind im wahrsten Sinne des Wortes billig. Vermutlich wurden sie erdacht, weil bei so wenig Materialeinsatz die Gewinnmarge so gigantisch ist. Also, liebe Damen: Entweder Panty oder eben gar nichts. Aber auch das Nichts sollte kombinationsfähig sein. Eine unrasierte Scham ist hier tatsächlich zum Schämen, und Brustwarzen, die durch Bluse oder Kleid schimmern, setzen schlichtweg Akzente an der falschen Stelle. Selbst wenn sie nicht groß und dunkel sind. Diesen Nippelalarm verhindern nudefarbene Silikonschalen zum Aufkleben.

DAS HÖSCHEN SOLLTE IMMER EINE PANTY SEIN. SIE BRINGT DEN PO IN FORM.

Um nichts zu tragen unter dem Kleid, sollte man den Körper dafür haben. Ob das bei ihr zutrifft, muss jede Frau für sich entscheiden. Nach der erfolgreich durchgestandenen Emanzipation dürfen Frauen heutzutage ihren Körper wieder mit Helfern in Form bringen. Die Ära der einengenden, luftraubenden Korsetts ist dank der großen Coco Chanel seit hundert Jahren vorbei. Das einzige Überbleibsel der alten Zeit, die Corsage, gehört heute fast nur noch auf die Erotikmesse oder aufs Oktoberfest.

TANGAS WERDE ICH NIE VERSTEHEN. DIE SEHEN NOCH NICHT EINMAL AUSGEZOGEN SEXY AUS. SIE SIND IM WAHRSTEN SINNE DES WORTES BILLIG.

Um ihren Körper in Form zu bringen, gehen moderne Frauen ins Fitnessstudio oder sie tragen Shapeware. Wie nahezu alle Prominenten auf den roten Teppichen dieser Welt. Diese Wäsche aus maximal elastischen Materialien zaubert sinnliche, weibliche Silhouetten aus dem, was an manchen Stellen zu viel sein mag. Shapeware nimmt nichts weg, aber sie verteilt das Vorhandene gekonnt. Dafür kann sie auch im Sommer getragen werden, ohne dass Frau einen Hitzeschock erleidet. Als Panty, als Bustier oder als Unterhemd gibt es Shapeware heute aus atmungsaktiven micromodalen Fasern. Stoffe dieser Qualität sind federleicht und schmiegen sich der Haut auf natürliche Weise an. Shapeware hat die Modewelt nachhaltig verändert. Als letzte Fashionrevolution hat sie sich unbemerkt und unsichtbar in fast alle Lebenslagen der Damen eingeschlichen. Nur nicht ins Schlafzimmer. Denn zum erotischen Auspacken eignet sie sich wirklich nur bedingt. Dort dominiert bis heute das klassische Spitzennachthemdchen das Geschehen. Leicht durchsichtig offenbart es ein bisschen mehr, verrät aber nicht zu viel, deutet nur an. Da will einfach jeder Mann auspacken, es sei denn, er ist schwul. Wobei: Wenn *sie* abends am Kamin oder am Morgen danach *seine* Sachen trägt, sein Oberhemd, seine Boxershorts, seinen Pyjama, seinen

Kapuzensweater, ist das auch für mich pure Sinnlichkeit. Das Frühstück kann warten.

Trägt sie jedoch ihren Pyjama oder ihr langes Oldschool-Nachthemd, wird der Mann unvermeidlich an einen Krankenhausaufenthalt erinnert und die Erotik ist dahin.

Das einzige Wäschestück – abgesehen natürlich von seinen Unterhosen –, das eine Frau nicht vom Kleiderberg ihres Mannes anziehen sollte, ist der Morgenmantel. In der Regel sind die für Frauen einfach schöner und besser. Ob sie die amerikanische Variante trägt, den Bademantel in Frottee oder Waffelpikee oder einen britischen Morning Gown aus Samtbrokat oder Seide mit Schalkragen: Der Morgenmantel einer Frau kann, wenn sie nicht aus dem Haus muss, ein vollständiges, abgerundetes Ganztagsoutfit sein. Eines der ganz wenigen, die auch ohne Wäsche funktionieren.

DIE CORSAGE GEHÖRT HEUTE NUR NOCH AUF DIE EROTIKMESSE ODER AUFS OKTOBERFEST.

Eis mit Stil

*I*ch hab das Fräulein Helen baden sehn, das war schön, da kann man Waden sehn, rund und schön im Wasser stehn ...« Kennt ihr diesen wunderbaren Schlager aus den Goldenen Zwanzigern? Was im Lied von Fritz Grünbaum anklingt, bezog sich auf die damals vorherrschende Kleiderordnung beim Aufenthalt im Freibad. Das Reglement war klar: Waden ja – aber mehr nicht. Nur wenn das Fräulein Helen »ungeschickt tief sich bückt«, so der Liedtext, »sieht man ganz genau bei der Frau – Oh.«

So ein striktes Reglement kann einem natürlich ganz schön die Laune verderben, andererseits hat es manchmal auch etwas für sich. Heute müssen sich die Fräuleins am Strand nicht ungeschickt bücken, dass ich entsetzt »Oh« rufe. Sie müssen sich nur ungeschickt kleiden. Und das geht viel schneller, als es sich der gute Fritz Grünbaum damals auch nur erträumen konnte.

Aber von vorn: Für einen gelungenen Strandbesuch gibt es zwei Prämissen, zwei Dinge, die man sich vornimmt. Erstens: Sonne tanken! Was wäre ein Strandtag ohne die Aussicht auf den schönen Teint? Aber bitte nicht zu intensiv, sondern nur so, dass es der Haut nicht schadet. Zweitens: Abkühlung! Wer an den Strand geht, ohne die Wellen und das Wasser zu genießen, der verpasst etwas. Baden im Freien ist doch purer Balsam für die Seele, und zwar nicht nur für die der Kinder.

Oft stehen an öffentlichen Stränden auch Getränkebars, Eisbuden oder Restaurants. Wunderbar, solche Orte, an denen man sich nach dem anstrengenden Herumliegen und dem Kampf mit den Wellen erfrischen kann. Bevor wir es uns aber gemütlich machen, gibt es ein paar Ratschläge, mit denen man die Fashion Police garantiert vom Strande fern- und die Stimmung dortselbst hochhält.

ICH MÖCHTE EINE LANZE BRECHEN FÜR DEN EINTEILIGEN BADEANZUG.

Ich möchte eine Lanze brechen für den einteiligen Badeanzug. Er sieht gerade in großen Größen einfach eleganter aus. Das Argument, so ein Badeanzug sei hinderlich bei der Arbeit am schönen Teint, lasse ich nicht gelten: Nach dem Sonnenbad behandelt man die Hautpartien, die nicht gebräunt wurden, ganz einfach mit Selbstbräuner. Den gibt es heute in hervorragender Qualität, man sieht keinerlei Unterschied mehr zur Sonnenbräune. Und selbst der makelloseste Körper muss am Strand nicht gleich bis ins hinterletzte Detail hergezeigt werden.

Anders verhält es sich am FKK-Strand, auch wenn der mit Mode nicht viel zu tun hat. Zum Evakostüm kann ich nur eines sagen, auf die Gefahr hin, dass ich mich wiederhole: Liebe Frauen, fühlt euch wohl in eurem Körper! Bitte bedenkt: Jede Frau hat ihr ganz eigenes, persönliches Wohlfühlgefühl. Und dabei ist außerdem wichtig: Wohlfühlen bedeutet nicht Size zero oder Schlankheitswahn. Fühlt man sich selbst nicht wohl, fühlt sich

der Körper auch nicht wohl, und der Mensch beginnt zu hängen. Hier hängt es, da hängt es, dann hängen auch noch die Schultern, und wenn die schon nicht selbstbewusst gerade gehalten werden können, kann der Kopf eben auch nur gesenkt durch den Sommer getragen werden.

Darum: Aufrecht gehen, Haltung bewahren, stolz sein – ob nackt oder angezogen! Selbstbewusstsein ist das Beste, was einer Frau passieren kann. Sommer und Selbstbewusstsein passen ungemein gut zueinander. Wenn ich sehr wenig Kleidung trage, muss ich die Blicke der Herren am Strand besonders gut aushalten. Macht es, liebe Frauen, den Männern auf ihrer Suche nach dem »Oh« nicht zu einfach. Das habt ihr, und das haben auch die Herren nicht verdient. Es gibt einen Mittelweg zwischen Verhüllen und Blankziehen: Er heißt Stil.

BADEMODE KAUFT MAN NICHT IM VORBEIGEHEN UND NIEMALS OHNE ANPROBE.

Beim Badeanzug ist das Wichtigste immer noch, dass die Ausschnitte gut sitzen. Die für die Beine und der für den Busen. Da kann Frau nur probieren, bis sie den besten gefunden hat. Die Regel heißt hier: Wenn alles da sitzt, wo es hingehört, und vom Badeanzug in Position gehalten wird, ist es der richtige. Von dem würde ich gleich zwei kaufen, entweder in unterschiedlichen Farben oder auch zwei Mal das gleiche Modell, damit ich auch im übernächsten Sommer den Lieblingsbadeanzug zum Badetuch in die Basttasche legen kann.

Strandmode kauft sich am besten mit der besten Freundin. So bleibt man geschützt vor der Verkaufswut der Verkäufer. Wobei betont werden muss, dass man das richtige Bademodenfachgeschäft gerade daran erkennt, dass diese beflissenen Nervensägen dort gottlob eher selten anzutreffen sind. Aber das weiß man meistens erst nachher.

HALTERLOSE BANDEAU-BIKINIS BRAUCHEN EINEN GROSSEN BUSEN, UM GUT ZU SITZEN. TRIANGLE-BIKINIS SIND FÜR KLEINE BRÜSTE GEMACHT.

Weil keine von euch in einem Weniger-ist-mehr-Wettbewerb mit Micaela Schäfer antreten will, merkt euch dies: Schaut zu viel Haut aus dem Bikini, wirkt die Trägerin schnell billig, und aus dem kleinen »Oh« als Ausdruck heimlicher männlicher Begeisterung wird allzu oft ein plumper und besitzergreifender Brunftschrei. Halterlose Bandeau-Bikinis brauchen einen großen Busen, um gut zu sitzen. Kleine Triangle-Bikinis hingegen sind für kleine Brüste gemacht.

Bademode kauft man nicht im Vorbeigehen und niemals ohne Anprobe. Das bisschen Stoff, das eine Frau am Strand noch kleidet, muss perfekt passen. Das gilt auch für die Farbwahl. Je blasser die Haut, desto dunkler sollte die Farbe sein. Weiß und schwarz verbieten sich am Strand von selbst. Weiß wird durchsichtig, wenn es nass ist, und Schwarz ist in der Sonne ohnehin viel zu warm. Ihr wollt ja nicht, dass das *dolce far niente* zur Tortur

wird. Außerdem ist Schwarz ein Ausdruck von Verlegenheit und verdeutlicht die Angst vor der Farbwahl.

==WOHLFÜHLEN BEDEUTET NICHT SIZE ZERO ODER SCHLANKHEITSWAHN.==

Probiert stattdessen mal Türkis, die Farbe des Wassers, so wie wir es uns wünschen. Oder probiert klassische Muster, Polka Dots und schmale Streifen in mediterranen Farben, leuchtend und strahlend wie ein Sommerblumenstrauß, kräftig und dominant: Magenta, Gelb, Orange, Rot und leuchtendes Grün.

Außerhalb der Strecke zwischen Strandtuch und Wasser wählen wir maritime Farben. Die Frau von heute bindet sich einen Pareo um die Hüfte – ein luftiges Tuch, das auch weiß sein darf. Geht ihr zur Bar, ins strandnahe Restaurant oder über die Promenade, streift ihr euch noch eine leichte Tunika über. Elegant und würdig könnt ihr nun mit dem Barkeeper flirten oder zu Mittag essen, ohne dass alle Welt sagt: »Ach so. Oh.«

==ES GIBT EINEN MITTELWEG ZWISCHEN VERHÜLLEN UND BLANKZIEHEN. ER HEISST STIL.==

Liebe Frauen am Strand, genießt die Zeit an der Sonne und im Wasser, tankt Kraft für den Alltag und entspannt euch. Aber zieht euch vernünftig an. Denn gerade wenn es ums Sehen und Gesehenwerden geht, ist weniger oft zu wenig. Fritz Grünbaum reichten schon die Damenwaden, die rund und schön im Wasser stehn.

Blusenfreundin

*D*as Telefon klingelt. Es ist Dorothee, sie hat gerade die Platzreife geschafft. Ich freue mich, wenn es mich auch nicht verwundert. Ich kenne doch meine Dorothee. Golf ist für mich in erster Linie eine Angelegenheit des Stils und der Golfplatz eine der letzten Stilbastionen überhaupt. Das Outfit ist Bestandteil der Platzreifeprüfung. Nur wer bestanden hat, darf den Abschlag wagen. Ob man nun ein Freizeitgolfer oder ein Profi ist, das Spiel entscheidet immer noch das Handicap. Aber die Eintrittskarte auf den Platz ist und bleibt das richtige Outfit. Dafür gibt es klare Regeln. Sie haben nicht nur eine lange Tradition, sondern bestimmen bis heute die sportlich-stilvolle Alltagsmode.

Es war genau diese elegante britische Tradition, die Dorothee von Anfang an für den Golfsport begeistert hat. Ich musste ihr nie beratend zur Seite stehen, was das Outfit angeht. Niemals würde Dorothee zum Beispiel mit einem Trägerhemdchen auf dem Platz erscheinen. Immer wird sie zum Golfen eine kurze Hose tragen, deren Bein eine Handbreit über dem Knie endet. Nie länger und unter keinen Umständen kürzer. Auch auf dem Golfplatz geht es um Stilbewusstsein und nicht darum, seine Mitspieler abzulenken oder mit Modezwittern zu beeindrucken. Eine kurze Hose hat kurz zu sein, eine lange hat lang zu sein. Dreiviertellängen sehen aus, als konnte die Trägerin sich nicht entscheiden.

Dorothees Oberteil zur Platzreifeprüfung ist ein klassisches, tailliertes Poloshirt und auf jeden Fall farbig. Vielleicht ist es von Etro, deren Shirts sind feminin geschnitten und haben die kleinen verspielten Details, auf die es ankommt: ein Muster auf der Knopfleisteninnenseite oder einen abgesetzten Kragen. Dorothee und das Poloshirt sind eine Einheit. Selbst beim Anziehen, vermute ich, gibt es nie einen Moment, in dem der Polokragen hochsteht. Das ist Schnöseln und Möchtegernmädchen vorbehalten. Das machen Männer, deren Selbstbewusstsein auf der Kreditkartenabrechnung zu finden ist, und Frauen, die es nicht besser wissen.

DAS POLOSHIRT IST SPORTLICHER ALS BLUSE ODER OBERHEMD UND DOCH ELEGANTER ALS EIN HERKÖMMLICHES TRIKOT.

Das Trikothemd indischer Polospieler wurde zur Mode, als gutsituierte Kreise auch im Alltag nicht mehr auf sportliche Lässigkeit verzichten wollten. Der Tennisprofi René Lacoste brachte sein Lieblingssporthemd 1933 auf den Markt, es ist seither ein Klassiker und steht für Lässigkeit im Alltag – und auf dem Golfplatz. Es ist sportlicher als Bluse oder Oberhemd und doch eleganter als ein herkömmliches Trikot, das einen sofort ans Schwitzen denken lässt. Von ähnlichem Schnitt, aber aus Jersey ist das Rugbyshirt. Auch das hat den Sprung in Kleiderschränke der Damen geschafft, was weder Dorothee noch mich sonderlich begeistert. Rugbyshirts sind häufig mit überdimensionalen Aufnä-

hern oder Prints versehen und mögen auf Sportplätzen und großen Jachten ihre Berechtigung haben. Im Alltag aber sehen Frauen darin aus wie Litfaßsäulen. Ein Fall von zu viel Trikot und zu wenig Stil.

BEI BLUSEN DARF EINE FRAU IN MUSTERN DENKEN, NUR KLEINTEILIG SOLLTEN SIE SEIN.

Und was trägt Dorothee, wenn sie nicht am Golfen ist? Bluse, T-Shirt oder Polo? Langärmelig, kurzärmelig, überschnittene Schulterpartien, etwas darunter oder nur etwas darüber?

In ihrem Kleiderschrank finden sich auch Tanktops. Sie liegen im Wäscheregal, denn da gehören sie hin. Tanktops sind Unterhemden. Und diese Bezeichnung sollte man unbedingt ernst nehmen. Ein Tanktop allein macht kein Oberteil, es sei denn, Frau repariert ihren Oldtimer selbst. Wird es kälter draußen, ist ein Tanktop unter dem eigentlichen Oberteil eine kleine Zusatzheizung. Und an sehr warmen Tagen lässt es zu, dass Dorothee die Bluse schön weit aufknöpfen kann: lässig, stilvoll und nicht billig.

An sonnigen Tagen trägt Dorothee gerne ein schönes T-Shirt. Weil es luftig und feminin ist. Gut geschnittene T-Shirts sind okay, aber nur für den Alltag. Es gibt unfassbar viele Arten von T-Shirts: solche mit einem runden und solche mit einem V-Ausschnitt, solche mit Miniärmeln und solche mit normal kurzen, weite oder figurbetonte. Aber es gibt ein Grundprinzip, das man bei der Auswahl des richtigen T-Shirts unbedingt beachten sollte: lässige Sportlichkeit. Fehlt das Sportliche, dann wirkt das

T-Shirt steif und old-fashioned. Bei zu viel Sportlichkeit denke ich automatisch an Work-out, an körperliche Anstrengung und Schweißgeruch.

Dorothees absolutes Lieblingsoberteil ist die Bluse. Sie besitzt eine ganze Menge davon. Allesamt mit Perlmutt- oder Perlenknöpfen, daran erkennt man eine gute Bluse auf den ersten Blick. Die Bluse ist überhaupt das wichtigste Oberteil in der Damenmode. Es passt zum Businessoutfit oder zum Shoppen, es passt zum Picknick im Grünen, zum Verreisen, zum Essengehen, zum Morgen, zum Abend und zur Nacht. Es gibt teure und weniger teure. Auch bei Zara findet man übrigens schöne Seidenblüschen.

Bei Blusen darf eine Frau in Mustern denken, nur kleinteilig sollten sie sein. Meine absoluten Favoriten sind die Polka Dots, die hübschen Punkte. Sie zählen zu den schönsten Mustern überhaupt, weil sie verspielt und ruhig zugleich sind. Wie übrigens auch die kleinen Karos, Vichy genannt, auch wenn sie etwas strenger sind. Und natürlich feine Querstreifen. Man kann sie auch in großen Größen tragen. Längsstreifen hingegen sind Obelix vorbehalten und gänzlich ungeeignet fürs Nouveau Niveau.

Apropos Nouveau Niveau, zum Abschluss die hohe Kunst der klassischen Bluse *with a twist*. Dorothee trägt gerne eine fein gemusterte Bluse mit weißem Kragen und weißer Doppelmanschette. Für den kleinen Twist leiht sich Dorothee Manschettenknöpfe ihres Herrn Gemahl. So ein Outfit ist natürlich auch absolut citytauglich, aber Dorothee trägt es lieber nicht im Alltag. »Heute Abend trage ich deine Lieblingsbluse, Thomas«, schnurrt sie ins Telefon. »Komm doch mit ins Loch neunzehn!« So nennen Golfer ihr Clubhaus, wo man nach achtzehn Bahnen

konzentrierten Spielens zum Ausklang einkehrt. »Na klar, Dorothee, natürlich bin ich dabei!«, sage ich fröhlich. Ich kann mir
doch die stilvolle Feier ihrer Platzreife nicht entgehen lassen.

EINE KURZE HOSE HAT KURZ ZU SEIN, EINE
LANGE HAT LANG ZU SEIN. DREIVIERTELLÄNGEN
SEHEN AUS, ALS KONNTE DIE
TRÄGERIN SICH NICHT ENTSCHEIDEN.

Freud und Leid
~ Hose und Rock

rüher hatten Männer Angst vor Frauen, die Hosen trugen. Zu ebenbürtig, zu stolz, zu maskulin. Zwar durften – oder mussten – Frauen von Zeit zu Zeit Hosen tragen, jedoch nur dann, wenn sie Männerjobs zu erledigen hatten. Als die Männer während der zwei Weltkriege des zwanzigsten Jahrhunderts in die Schlacht zogen, blieb den Frauen zu Hause zusätzlich zu ihrer eigenen Arbeit auch noch die ihrer Männer zu tun. Zwischen den Kriegen stand plötzlich die Dietrich in einer Hose auf der Bühne. Es war eine Mischung aus Anzughose und Hosenrock. Sehr weit und mit fast gerade geschnittenen Hosenbeinen, die einen Zentimeter über dem Boden endeten – auch wenn Marlene hohe Schuhe trug. Noch heute zählt die Marlenehose zu den tollsten Beinkleidern für die Frau.

Dennoch konnte sich die Alltagshose im Kleiderschrank der Damen erst in den Sechzigern durchsetzen. In Sachen Emanzipation sind die Damen den Herren um mehr als nur eine Beinlänge voraus. Denn der Herrenrock sorgt als schottische Tracht an Prinzen des britischen Könighauses zwar für eine Menge lustiger Paparazzi-Schnappschüsse, ein weltweiter Nachahmungseffekt ist hingegen bislang – glücklicherweise – ausgeblieben. Das zeigt einmal mehr: Frauen haben in der Wahl eines stilvollen Outfits viel größere Gestaltungsmöglichkeiten als wir Herren. Also, liebe Frauen, macht was draus! Ihr dürft so vieles tragen, dass ich ganz neidisch bin. Hier sind Thomas' Top Five der Hosen-Tipps:

DIE MARLENEHOSE

Sie wird auch Palazzohose genannt und erträgt maximal einen
Zentimeter Luft zwischen Boden und Saum. Getragen wird sie
nur mit hohen Schuhen. An den Knien ist sie trotz geraden
Schnitts etwas enger. Das verhindert den Stelzenmannlook, die
Bohnenstange, das Klappergerüst.

NOCH HEUTE ZÄHLT DIE MARLENEHOSE ZU DEN TOLLSTEN BEINKLEIDERN FÜR DIE FRAU.

DIE JEANS

Jeansstoff heißt Denim, was daher kommt, dass es sich dabei ursprünglich um Stoff aus Nîmes in Südfrankreich handelte, *serge
de Nîmes*, und ist blau. Aus Nîmes kommt er heute nicht mehr
unbedingt, aber blau muss er immer noch sein. Und zwar Blau in
allen Facetten. Und da sich die Jeans aus der Arbeitskleidung entwickelt hat, darf man ihr das auch heute noch ansehen. Schön
abgeschrabbelt und verwaschen, mit perfektem Sitz ist sie in
Kombination mit tollen Schuhen und feinem Schoolboy-Blazer
ein klassisches Beinkleid der Damenwelt geworden. Viele Designer versuchen heute, sie aufzuhübschen, indem sie sie bedru-
cken lassen, mit Strass versehen oder in untypischen Farben wie
weiß oder rot auf den Markt bringen. Sie wollen, so scheint es
mir, die Arbeitshosenhistorie verleugnen. Aber aufgepasst: Das
sieht immer billig aus. Man muss der Jeans ihre Herkunft ansehen oder sie zumindest erahnen können. Und bitte: Eine Jeans
sollte beinbetont geschnitten sein. Schön eng bis an die Fesseln.

EINE JEANS SOLLTE BEINBETONT GESCHNITTEN SEIN. SCHÖN ENG BIS AN DIE FESSELN.

DIE JOGGINGHOSE

Sie ist beileibe nicht dazu verdammt, nur zum Sport oder zu Hause getragen zu werden. Sie ist auch auf Reisen erlaubt. Denn gerade im Flieger, wenn man vier, fünf oder noch mehr Stunden sitzen muss, ist ein bequemes Beinkleid doch wichtig. In Grau, Anthrazit oder Dunkelblau passt sie perfekt zu einem schicken Blazer oder einem feinen Kaschmirpullover. Dazu ein schöner großer Schal gegen die lästige Zugluft im Flieger. Und Sneakers oder Chucks und im Winter UGG-Boots, in die man die Hose bitte reinstopft. Das ist ein Reiseoutfit mit dem Prädikat *classic with a twist*. Weil es bequem ist und fantastisch aussieht.

DIE FLANELLHOSE

Sie ist am besten in Grau oder Blau und mit schmaler Passform. Ein leichter, feiner Wollstoff, der das Damenbein bis zum Knöchel elegant und zeitlos kleidet. Ich nenne diese Länge leichtkurz.

IN SACHEN EMANZIPATION SIND DIE DAMEN DEN HERREN UM MEHR ALS NUR EINE BEINLÄNGE VORAUS.

DIE CAPRIHOSE

Die meisten Hosen, außer Marlene- und Jogginghosen, enden am Knöchel, niemals weiter oben. All das, was einer Frau als Hose verkauft wird und irgendwo zwischen Knie und Knöchel endet, ist keine Hose, sondern ein modischer Fauxpas. Man darf nicht alles mitmachen, was einem die Modewelt vorgibt. Dreiviertel und Dreifünftel sind Brüche der Mathematik und haben an Damen nichts verloren. Eine Dreiviertelhose ist keine kurze Hose, auch wenn mancher einem das gern so verkaufen möchte. Es ist nichts weiter als Lug und Trug. Kurze Hosen enden über dem Knie, lange enden am Knöchel. Dazwischen gibt es nichts. Da lasse ich nicht mit mir reden.

DER MINI IST – WENN ÜBERHAUPT – AUSSCHLIESSLICH FÜR JUNGE MÄDCHEN.

Und jetzt sagt bitte niemand: »Aber Thomas, du bist doch so gerne auf Capri, und die Caprihose endet doch auch nicht erst am Fuß ...« Erstens ist dieses Ding in den allermeisten Fällen keine richtige Hose, und zweitens ist es in diesen allermeisten Fällen das Schlimmste, was in Capris Namen verkauft wird. Brigitte Bardot hat sich einst auf Capri die Hose abgeschnitten. Und jetzt ratet mal, wo. Direkt über dem Knöchel. Also endet die echte Caprihose da, wo lange Hosen immer enden oder ein bisschen drüber. Sie ist unten sehr schmal und hat zum bequemen Einstieg einen feinen Schlitz an der Seite. Es wird viel Schindluder mit dem Namen Capri getrieben. Ganz ehrlich: Die echte Caprisonne ist ja auch kein Zuckerwasser im Alubeutel. Sie versinkt jeden Abend im Meer, wenn der Fischerchor singt. Nicht die Fischerchöre. Ich lasse mir mein Capri nicht kaputt machen, auch nicht von meinen Kollegen aus der Modeindustrie.

Hosen müssen perfekt sitzen, deswegen ist die Wahl des richtigen Modells immer figurabhängig. Wenn ich als Dame kurze Hosen tragen will, dann müssen sie wirklich kurz sein. Wenn ich als Dame aber das Gefühl habe, die Zeit für richtig kurze Hosen ist passé, dann geht eben nur lang. Oder ein Rock. Er ist und bleibt – Emanzipation hin oder her – das femininste Kleidungsstück, das es gibt. Ein Rock bedeutet immer Klassik, Weiblichkeit, Geheimnisse. Ja, warum sonst halten die Paparazzi ihre Objektive immer so weit unten? Damit sie fotografieren können, was die Frau darunter trägt! Das ist Spannung, das ist Faszination, auch wenn es sich natürlich nicht gehört. Wenn Frauen Männer herumkriegen wollen, tragen sie einen Rock. Sie tragen einen Stiftrock oder einen Jeansrock mit Five Pockets. Und wie bei der Hose gibt es auch beim Rock sehr strikte Längenregeln. Bei allen Röcken, die woanders enden als eine Handbreit oberhalb des Knies, kommt heute die Fashion Police. Und das zu Recht. Der Mini ist – wenn überhaupt – ausschließlich für junge Mädchen. Und Röcke, die unterhalb des Knies enden, tragen heute all die Frauen, vor denen Männer wie ich sich fürchten müssen.

EIN ROCK IST UND BLEIBT DAS FEMININSTE KLEIDUNGSSTÜCK, DAS ES GIBT. ER BEDEUTET IMMER KLASSIK, WEIBLICHKEIT, GEHEIMNISSE.

Kleider machen Laune

*S*olange mich mein Gegenüber nicht direkt fragt, was ich von seinem Outfit halte, schweige ich grundsätzlich, wenn es mir nicht gefällt.

Geschlagene sieben Stunden sei sie unterwegs gewesen, beklagte sich eine Bekannte, und noch immer habe sie nicht das richtige Kleid gefunden. Sie ist in gewisser Weise prominent, und um ihr und dem Verlag und mir Ärger zu ersparen, erzähle ich ihre Geschichte lieber, ohne ihren Namen zu erwähnen. Genauer gesagt die Geschichte ihrer Kleidersuche. Wir waren beide zu einer Filmpreisverleihung in Berlin eingeladen, und ich traf sie in der Hotellobby. Ich hatte mir vorgenommen, zu ihrem Abendkleid beharrlich den Mund zu halten. Schließlich war die Preisverleihung nicht ihre erste, und sie hätte eigentlich wissen müssen, wie man bei der Kleiderwahl für so einen Abend vorgeht.

Weil sie vermutlich ahnte, was ich von ihrem Outfit halten dürfte, sagte sie entschuldigend, sie habe leider keine Zeit, aber sehr viel Stress gehabt und ihr sei erst gestern eingefallen, dass ihr ein passendes Abendkleid fehle. Nach sieben Stunden Shoppingwahn – sehr viel Wahn, sehr wenig Shoppen – habe sie schließlich das gekauft. Sie senkte verlegen den Blick und machte eine fahrige Handbewegung.

»Das« hatte an der linken Schulter weder einen Ärmel noch einen Träger und über der rechten Schulter lag ein breiter Streifen Samt. Überhaupt war das ganze Kleid doch sehr samtig und dazu noch mit kleinen textilen Rosenblüten versehen.

AUF GALAS STELLE ICH MICH GERNE EIN PAAR MINUTEN AN DEN RAND DES ROTEN TEPPICHS UND MUSTERE DIE KLEIDER DER PROMINENTEN DAMEN.

»Warum«, platzte es aus mir heraus, »in Gottes Namen hast du dir keins nähen lassen?« Und warum, Thomas, fragte ich mich selbst gleichzeitig, kannst du nicht einfach deine Klappe halten?

Wenn ich unterwegs bin, also abends und zu Events mit einem roten Teppich wie zum Beispiel zu dieser Preisverleihung oder auf Galas, dann stelle ich mich gerne ein paar Minuten an den Rand des roten Teppichs und schaue genau, was die prominenten Damen aus den Tiefen ihrer Kleiderschränke hervorgeholt haben – oder haben hervorholen lassen aus den Schatzkammern ihrer Haus- und Hofdesigner. Für Designer ist es eine prima Promotion, wenn tags darauf in den Illustrierten das Foto einer Prominenten in ihrem Kleid abgedruckt wird, eine imagebildende Maßnahme. Es ist das obere Ende der Fahnenstange und wird dem Stellenwert des Kleides in der Garderobe der Frau gerecht.

Stellen wir uns einmal eine Gruppe von Damen im stilvollen Abendkleid vor. Und jetzt fragen wir uns, welche unter ihnen möglicherweise den höchsten gesellschaftlichen Rang einnimmt? Gar nicht so einfach! Warum? Weil ein Abendkleid, wenn es denn ein richtiges Abendkleid ist, der Trägerin Eleganz, Klasse und Stil verleiht. Schon Aschenputtel hat uns das gezeigt. Es gelingt jeder Dame mit einem maßgeschneiderten Abendkleid. Für Designer ist es also weit mehr als Imagewerbung, wenn sie eine Prominente eben nicht nur ausstatten, sondern ihr das Kleid für einen besonderen Anlass auf den Leib schneidern dürfen. Es ist eine Auszeichnung. Je höher der Bekanntheitsgrad der Prominenten, möglichst auf beiden Seiten des Atlantiks, desto besser.

EIN ABENDKLEID, WENN ES DENN EIN RICHTIGES ABENDKLEID IST, VERLEIHT DER TRÄGERIN ELEGANZ, KLASSE UND STIL.

So weit ist unsere oben erwähnte Bekannte aus der Hotellobby bis heute nicht. Und sie wird auch nie so weit kommen, aber das denke ich zum Glück nur und halte endlich meine Klappe.

Ein Abendkleid trägt nicht auf und erinnert nicht an ein Zelt, es sollte zumindest kurze Ärmel haben, und es ist immer lang. Ein perfektes Abendkleid unterstreicht Klasse und Grazie der Trägerin. Man erkennt es an der schlichten Eleganz, an seinen hochwertigen Stoffen, die schön und gleichmäßig fallen und sich geschmeidig um den Körper legen. Abendkleider von der Stange hingegen, deren Rüschen und Puffärmel vom Verkäufer als peppig gepriesen werden, sind nicht mehr als pure Verkleidung. Spätestens auf dem Gruppenfoto fällt das dann jedem auf.

Der Verkäufer habe halt gesagt, erzählte meine Bekannte weiter, das Kleid sei doch »mal was anderes«. Auweia, aufgepasst! »Mal was anderes« ist das rhetorische Damoklesschwert des mangelnden Stilbewusstseins. Es gibt keine Mal-was-anderes-Abendkleider, es gibt keine asymmetrisch geschnittenen Abendkleider, es gibt keine kurzen Abendkleider und vor allem gibt es keine Abendkleider für den Tag – es sei denn zu einem sehr festlichen Anlass, wenn der Dresscode ihm einen *Cutaway* oder *Cut* vorschreibt. Wenn du mich fragst, sagte ich in Gedanken, ist dein Kleid einfach ein zu langes und sehr beliebiges Cocktailkleid.

Für Anlässe, die weniger festlich sind als unsere Filmpreisverleihung, hat Coco Chanel in den zwanziger Jahren das Cocktailkleid erfunden. Es reicht maximal bis zur Wade und mindestens bis zur Mitte des Knies. Wie alle stilvollen Kleider ist auch dieses gute Stück von schlichter Eleganz geprägt. Die beste Zeit für das Cocktailkleid beginnt am frühen Abend.

EIN ETUIKLEID IST DAS BESTE, WAS EINE FRAU TAGSÜBER ANZIEHEN KANN.

So passte für meine bekannte Ungenannte zwar die Tageszeit, aber Anlass, Dresscode und Kleid passten leider nicht. Nun, es war, wie es war, und es war nicht mehr zu ändern. Also habe ich

mir die anderen prominenten Damen auf dem roten Teppich an-
gesehen. Nur wenige von ihnen haben an diesem Abend einen
Filmpreis erhalten. Noch weniger hätten einen Modepreis verdient.

»MAL WAS ANDERES« IST DAS RHETORISCHE DAMOKLESSCHWERT DES MANGELNDEN STILBEWUSSTSEINS.

Am nächsten Morgen sah ich meine Bekannte zum Frühstück
wieder. Es geht doch!, hätte ich ihr beinahe zugerufen, aber ich
biss lieber in mein Croissant. Sie trug am Morgen nach dem De-
saster ein formvollendetes Etuikleid. Große Blockstreifen in Knallfarben zogen sich eng um die Taille und zauberten ihr Frische ins
Gesicht. Sie hatte sie nötig, denn trotz ihres modischen Fauxpas
war sie wohl sehr lange auf der Aftershow-Party geblieben.

Ein Etuikleid ist das Beste, was eine Frau tagsüber anziehen
kann. Wie ein Cocktailkleid geht es mindestens bis zur Mitte des
Knies, ist aber noch schlichter, was den Stoff angeht. Farblich
darf es beim Etuikleid etwas mehr sein als beim eleganten Vor-
abendpendant. Meine Bekannte trug ein Kleid mit einem wun-
derschönen Collier-Ausschnitt, der hochgeschlossen war, aber
am Dekolleté immer noch ausreichend Platz für Halsschmuck
bot. »Das hast du dir schneidern lassen«, sagte ich und nahm einen bedeutungsvollen Schluck Tee, als sie an meinem Tisch Platz
nahm.

Ich hatte mich geirrt. Sie schüttelte lächelnd den Kopf. Es war
ein Kleid von der Stange. Was für eine glückliche Stange das ge-

EIN ABENDKLEID TRÄGT NICHT AUF UND ERINNERT NICHT AN EIN ZELT, ES SOLLTE ZUMINDEST KURZE ÄRMEL HABEN, UND ES IST IMMER LANG. MAN ERKENNT ES AN DER SCHLICHTEN ELEGANZ, AN SEINEN HOCHWERTIGEN STOFFEN.

wesen sein muss! »Kauf dir alles, was in diesem Laden hängt und deine Größe hat«, sagte ich. Und dann konnte ich es mir nicht verkneifen hinzuzufügen: »Die haben bestimmt auch Abend-kleider ...« – »Ja, haben sie«, sagte die unbekannte Prominente, »aber nur so schlichte.« Ich verschluckte mich.

Das anfänglich so gemütliche Frühstück musste ich kurzer-hand für beendet erklären. Ich nuschelte etwas von Flieger und Italien, winkte ihr noch kurz zu und checkte aus, ohne die Zei-tung gelesen und meine Kanne Grüntee getrunken zu haben. Es ist ohnehin meistens egal, ob ich mich negativ zu einem unpas-senden Outfit äußere oder mich in Stillschweigen übe. Darum mache ich heute auch keine Ausnahmen mehr. Thomas sagt nur, wenn ihm ein Outfit gefällt. Tut es das nicht, hält er sich an sein Schweigegelöbnis.

Auf der Hut

opfbedeckungen schützen! Wenn du das Richtige auf dem Kopf trägst, kommt niemand auf die Idee, du könntest ein Brett vor dem Kopf haben. Im Ernst: Meine gute Freundin Dorothee sagte vor einiger Zeit zu mir, ab sofort werde sie immer etwas auf dem Kopf tragen. Ich fand das eine sehr gute Idee. Hüte, Mützen und dergleichen halten den Kopf aufrecht. Sie geben einem schon optisch mehr Selbstbewusstsein. Und am Ende spürt man sich auch selbst, merkt, wie sich Gang und Haltung verändern.

»Du willst nicht sagen, ich hätte bislang ein Brett vor dem Kopf gehabt, Thomas?«, fragte Dorothee lachend und kniff mir in die Seite. »Natürlich nicht, im Gegenteil!« Ich finde es ganz wunderbar, wenn Frauen Kopfbedeckungen tragen, es sieht immer gut aus. Nicht nur weil es ein klassischer Look ist, sondern weil man sich selbst mit viel mehr Körperspannung bewegt, das ist gleich doppelt gesund: Für die Haltung und für das Selbstbewusstsein.

Überleg doch mal, wie die Leute gucken, wenn du, ein Tuch um die Haare gelegt, mit dem Auto durch die Stadt fährst. Da haben auch die Männer keine Augen mehr für den Wagen, da haben sie einzig und allein Augen für die Erscheinung hinter dem Steuer.

Dorothee fährt einen roten Alfa Romeo Spider, Baujahr 1984. Wann immer es geht, fährt sie mit offenem Verdeck. Und Dorothee sagt, es geht fast immer, im Zweifel trägt sie gefütterte Schuhe, einen dicken Mantel und schicke Handschuhe, damit die Finger nicht frieren. Und natürlich das Tuch für den Kopf, das aber nur in zweiter Instanz eine schützende Funktion hat, in erster Linie sieht es einfach wahnsinnig gut aus. Für Dorothee ist der Alfa ein Accessoire, das sie zu nutzen weiß. Und es ist eines der wenigen Accessoires aus den Achtzigern des letzten Jahrhunderts, über deren Verbleib in der Realität ich mich bis heute und ohne jede Einschränkung freue.

Wenn Dorothee auf dem Golfplatz vorfährt, sieht man schon aus der Ferne ihr cremeweißes Basecap über die Windschutzscheibe blinzeln. Schon wenn sie zu Hause losdüst, denken die Leute, was für eine sportliche Frau. Obwohl sie, wenn Dorothee im Alfa sitzt, gar nicht das ganze Outfit bewundern können. Aber da reicht eben manchmal schon das Basecap, um zu erahnen wie sportlich-elegant Dorothee unterwegs ist.

Wenn die Abende kühler werden, legt sie sich ein schickes Hermès-Tuch um den Kopf, um die Frisur zu schützen. Die Tücher kauft sie nicht neu, sondern als Vintage-Teile. Das gesparte Geld steckt sie in den Alfa, der hat das leider regelmäßig nötig. Wenn das Tuch dann im Fahrtwind flattert, fühlen sich alle Betrachter sofort in Hollywood-Szenerien der guten alten Fünfziger und Sechziger zurückversetzt, dieser Look ist ein echter Klassiker.

»Dorothee, seit ich dich kenne, trägst du doch fast immer etwas auf dem Kopf.« Sie schaute mich an. »Thomas, ab jetzt kannst du das ›fast‹ auf meine Kirchenbesuche beschränken.« Kopfbedeckungen, hat sich Dorothee überlegt, gehören zu einer gefährdeten Spezies, die sie vor dem Aussterben retten muss. »Neulich war ich auf der Hochzeit meines Neffen die Einzige mit Hütchen. Ist das denn zu glauben? Die Mutter der Braut hat mich gefragt, warum ich heute noch so ein Ding auf dem Kopf spazieren führe. Die hat mich angeguckt, als käme ich von einem anderen Stern.« – »Kommst du ja auch«, sagte ich trocken, »zumindest für sie.« – »Ja, und da habe ich beschlossen, genau das zu tun: Ich rette die Kopfbedeckung vor dem Aussterben!«

HÜTE, MÜTZEN UND DERGLEICHEN HALTEN DEN KOPF AUFRECHT. DAS IST DOPPELT GESUND – FÜR DIE KÖRPERSPANNUNG UND FÜR DAS SELBSTBEWUSSTSEIN.

Dorothee redete sich in Rage. »Als ob ich mit einem Hut auf der Hochzeit overdressed gewesen wäre! Was denkt sich die Frau? ›Trägt man heute wieder Hüte?‹, hat sie mich gefragt. Man hat nie keinen Hut getragen. ›Ich trage‹, hab ich ihr ins Ohr geflüstert, ›immer etwas auf dem Kopf.‹ – ›Ich nur zu Karneval‹, hat sie gesagt. Ich sah sie vor mir mit so einem bescheuerten Plastikhütchen und einer roten Nase. ›Das können Sie auch nur zu Karneval anziehen, das ist eine Verkleidung‹, hab ich ihr dann ins Gesicht gesagt.« – »Auf der Hochzeit? Ihr werdet wohl keine Freundinnen mehr! Komm, wir trinken einen Kaffee, und du erzählst mir von all deinen Hüten«, sagte ich. Sie musste lachen, und der Ärger war verflogen. Wir setzten uns auf den Balkon, die Sonne strahlte uns ins Gesicht, und Dorothee legte los.

»Am Strand trage ich einen mallorquinischen Strohhut, bei Mantelwetter sitzt ein Hut mit schmaler Krempe auf meiner Frisur, zum Fahrrad- und Cabriofahren binde ich mir ein Tuch um den Kopf. Im Winter sieht man mich auch mal mit einer gefütterten Fliegermütze, Kopfbedeckungen machen ja auch warm. Im Sommer spaziere ich gut geschützt vor den UV-Strahlen mit einer riesigen Pamela die Promenaden ...« – »Bitte, mit einer was?«, unterbrach ich sie. »Mit einer Pamela, das sind diese sehr ausladenden Strohhüte, deren Krempe vorne hochgeschlagen wird und die Schultern und Nacken vor Sonnenbrand schützen. Ganz toll. Mit der laufe ich die Promenaden entlang, verstehst du.«

==KOPFBEDECKUNGEN GEHÖREN ZU EINER GEFÄHRDETEN SPEZIES, DIE MAN VOR DEM AUSSTERBEN RETTEN MUSS. SIE SCHÜTZEN VOR STILVERLUST!==

»Ach, Dorothee, wenn es einen Verband der Hersteller von Kopfbedeckungen gäbe«, schlug ich vor, »solltest du deren Werbegesicht sein.« – »Thomas, dann wäre ich doch nur noch eine Marionette der Industrie. Ich will aber dem Stil verpflichtet sein.« – »Das gefällt mir«, sagte ich. »Wie wäre es denn damit? Du wirst die erste Vorsitzende des eingetragenen Vereins zum Schutze aller Kopfbedeckungen. Und die Sprecherin gleich noch dazu. Und ich dein Berater. O ja! Jajaja! Und wir entwerfen eine deutschlandweite Plakatkampagne mit Liz Taylor, wie sie in *Brandung* dieses sagenhafte Tuch mit dem lila Abschluss um den Kopf trägt. Und mit Audrey Hepburn, wie sie in *Frühstück bei Tiffany* diesen großartigen schwarzen Hut trägt mit der langen weißen Schärpe und in *Zusammen in Paris* den grobmaschigen Strohhut! ›Kopfbedeckungen schützen‹, wird auf den Plakaten zu lesen sein, ›vor Stilverlust!‹«

A Girl's Best Friend
~ der Blazer

*I*ch sage es immer wieder: Neben der Bluse ist der Blazer das A und O in jeder Damengarderobe. Wenn der Blazer sitzt, strahlt die Frau. Der Blazer ist schlichtweg der beste Freund in fast allen Mode- und Lebenslagen. Das hat einen einfachen Grund. Seinen festen Platz im Kleiderschrank der Damen haben wir nicht etwa irgendeinem großen, ach so revolutionären Einfall eines Designers zu verdanken, sondern schlichter Überlebensstrategie. Nach dem Zweiten Weltkrieg waren – wie so oft in der Weltgeschichte! – vor allem die Frauen gefragt. Sie mussten den Männern beim Wiederaufbau der zerstörten Nationen helfen, und sie unterstützten sie in fast allen Berufen, damit man sich Schritt für Schritt wieder einem annehmbaren Alltag, einem Leben in geregelten Bahnen nähern konnte. Dafür brauchten sie eine entsprechende Arbeitskleidung, und so kam es, dass sie Herrenblazer anzogen. Weil diese in aller Regel zu groß waren, wurden sie zu Hause der Figur angepasst, wurden femininer geschnitten, wurden tailliert. In den Wohnstuben der Arbeiterinnen von damals nahm es Gestalt an, das wichtigste Kleidungsstück der Frau von heute.

Ursprünglich kommt der Blazer aus der Seefahrt, wo er zu Beginn des neunzehnten Jahrhunderts zur Uniform für Skipper und Matrosen geworden war. Zum Ende ebendieses Jahrhunderts, als die Upperclass der Meinung war, sich nur noch durch

Bildung von den Arbeitern unterscheiden zu können, wurde der Blazer dann Bestandteil der Schul- und Clubuniformen. In dieser Zeit soll er auch seinen Namen erhalten haben. Die Legende dazu geht so: Ein Ruderclub in Cambridge schickte seine Sportler in leuchtend roten Jacken aufs Wasser. Aus sicherer Entfernung schien es, als stehe der Fluss in Flammen, und die Zuschauer riefen begeistert: »The river seems ablaze!« Darum auch mein flammendes Plädoyer für dieses Kleidungsstück.

ES GIBT FÜR EIN PERFEKTES OUTFIT MIT BLAZER KEINE GRENZEN, AUSSER DENEN DES GUTEN GESCHMACKS.

Zwischen den beiden Weltkriegen wurde der Blazer für einen Großteil der Herren zur Alltagsmode. Saß er perfekt, stieg das Ansehen seines Trägers. Ein Mann der Mittelschicht fand so zumindest optisch den Anschluss nach oben. Und als es so weit war, haben auch die Frauen zugeschlagen. Der Zeitraum, den der Damenblazer brauchte, um seine Alltagstauglichkeit zu beweisen, war ungleich kürzer. Vielleicht hat der Blazer deshalb – trotz seiner für die Arbeit notwendigen Robustheit von damals – nie das Image abgelegt, ein Kleidungsstück der Upperclass zu sein.

Diesem Nimbus folgend fand er Anfang der sechziger Jahre seinen Weg in die Damenbekleidungshäuser. Bis heute ist er aus diesen nicht wieder wegzudenken. Genauso wenig wie aus den Kleiderschränken, von den Straßen oder aus den Büros. Einmal abgesehen von den schrecklichen Irrungen und Wirrungen der Achtziger mit ihren fehlgeleiteten Ausflügen in Sachen XXL und den überdimensioniert wattierten Schulterpolstern hat er sich über die Zeit auch nicht signifikant verändert. Der Blazer hat durch seine unterschiedlichen historischen Nutzungsvarianten als Marine-, Schul- oder Clubuniform, als besserstellende Alltags- und notwendige Arbeitskleidung heute den höchsten Stand der Mode erreicht: Er ist zum Klassiker geworden.

Den Blazer diesem Stand gemäß zu tragen ist nicht schwer, wenn ein paar essenzielle Dinge beachtet werden:

KLEIDER SOLL ER MEIDEN

Zum Kleid, ob Cocktail- oder Abendkleid, trägt Frau wenn nötig einen kleinen taillierten Princessmantel, aber niemals einen Blazer. Zu Hose und Rock ist der Blazer hingegen gleichsam ein Muss.

DER BLAZER BLEIBT OFFEN

Einen Blazer geschlossen zu tragen ist bei einer schlanken Figur zwar kein Problem, bei üppiger Oberweite allerdings ist davon abzuraten. Denn passt er dort am Busen, sitzt er in der Taille viel zu locker. Also dürfen Damen mit schöner, großer Brust ihren Blazer durchaus eine Konfektionsgröße kleiner kaufen. So liegt er sexy über den weiblichen Kurven und wird und wirkt nicht zugeknöpft.

BLAZER UND KAPUZE

Wenn eine Frau es sich gemütlich machen will, darf sie den Blazer sogar über einem Hoodie tragen, einem weichen, lässigen Kapuzensweater. Das sieht nicht nur cool aus, es nimmt dem Hoodie auch die Attitüde, bloß Teil eines Trainingsanzugs zu sein. Das ist ein perfektes Reiseoutfit – ob im Flieger, im Coupé oder im Schlafwagen –, genauso wie es sich bestens eignet für Anlässe, zu denen man cool und schick zugleich auftreten möchte, zum Beispiel zu einer Vernissage.

KEIN SCHWARZ

Eine Frau trägt keinen schwarzen Blazer. Auch nicht als Businesskostüm. Falls sie unter den Kolleginnen nicht zu sehr als Paradiesvogel hervorstechen will, trägt sie einfach die Oldschool-Variante, also einen Blazer in Grau oder Blau, mit drei Knöpfen und einer Brusttasche für das Einstecktuch.

OLD-FASHION-ALARM

Das Kombinieren von Schuhen, Gürtel und Tasche in einer Farbe, die exakt auch der Farbe des Blazers entspricht, macht ein Outfit very old-fashioned. Das muss nicht sein. So wirkt eine Frau ziemlich German, unnahbar und vielleicht sogar steif. Das macht die Unsicherheit in Sachen Kombinationsgeschick, die aus einer derartigen Farbwahl spricht. Wenn es dennoch gewollt ist, bitte schön. Aber *Classic with a twist* ist das beileibe nicht.

STIL IST NICHT LITFASSSÄULE

Modeklassiker sind natürlich auch für Hersteller von Trash und Bling-Bling ein gefundenes Fressen. Keine Firma, die in ihrer Kollektion auf Blazer verzichten würde. Doch Strass und Glitter, Schriftzüge und Aufnäher haben auf einem Blazer nichts verlo-

DER BLAZER KOMMT URSPRÜNGLICH AUS DER SEEFAHRT, WO ER ZU BEGINN DES NEUNZEHNTEN JAHRHUNDERTS ZUR UNIFORM FÜR SKIPPER UND MATROSEN GEWORDEN WAR. HEUTE IST ER EIN KLASSIKER.

ren. Sie machen ihn zur Werbefläche, und die Trägerin wirkt bald so, als sei nicht nur der Blazer günstig erworben. Einzige Ausnahme: Ist der Blazer Teil einer Clubuniform, dann ist ein Aufnäher erlaubt, das Clubabzeichen.

KOMBINIERZWANG

Der Blazer ist Nostalgie und Tradition. Also muss er lässig kombiniert werden – mit Jeans im Used-look, zum Beispiel von Acne, mit Vintage-Tüchern, mit knalligen Schuhen und tollen Accessoires. Es gibt für ein perfektes Outfit mit Blazer keine Grenzen, außer denen des guten Geschmacks.

==NEBEN DER BLUSE IST DER BLAZER DAS A UND O IN JEDER DAMENGARDEROBE. WENN DER BLAZER SITZT, STRAHLT DIE FRAU.==

MUSTERBLAZER

Keine Frau darf denken, dass es Blazer nur unifarben und aus klassischem Jackett-Stoff gibt. Es gibt ihn gemustert, gestreift, mit abgesetztem Futter oder schicken Borten in Kontrastfarben. Es gibt ihn in jedem Farbton dieser Welt und in fast allen Stoffqualitäten. Eine Frau braucht nicht jeden Blazer. Aber neben dem klassischen in Blau und in Grau sind ein oder zwei etwas modernere Blazer mit schönen Mustern, verspielten Details oder einem bunten Seidenfutter ein unbedingtes Muss in jedem Kleiderschrank.

SAMT UND SONDERS

Bei all den Stoffqualitäten, in denen Blazer angeboten werden, ist eines wichtig: Texturen wie Samt oder Cord tragen in hellen Farbtönen unheimlich auf. Wenn überhaupt, sind diese Stoffe nur in kleineren Größen tragbar. In dunkleren Tönen hingegen helfen sie, den Körper schmaler aussehen zu lassen. Aber: keinesfalls Schwarz!

TAILORMADE BLAZER

Der beste Blazer ist ein maßgeschneiderter Blazer. Der zweitbeste ist der, mit dem Frau nach dem Shoppen direkt zum Änderungsschneider ihres Vertrauens geht und ihn anpassen lässt. Einen schlechtsitzenden Blazer zu tragen ist schlimmer, als keinen zu besitzen.

Mantelvertrag

*I*n einem Showroom präsentieren Modelabels und Designer ihre Kollektionen für die übernächste Saison. Im Herbst 2012 stand mein Düsseldorfer Showroom also ganz im Zeichen der Herbst-Winter-Saison 2013/2014. Die Stücke, die dann wie in einem Modegeschäft drapiert werden, sind Muster und sollen die Einkäufer der großen und kleinen Modehäuser zum Kauf überzeugen. Sie gehen durch die Reihen und am Schluss wird der Auftrag geschrieben: Soundso viel von Bluse XY in den Größen von X bis Y.

Wenn im Herbst oder im Frühjahr die neuen Kollektionen im Showroom von den Einkäufern begutachtet und bestellt werden, spüre ich in meiner Brust zwei Herzen schlagen. Das des Designers und das des Unternehmers. Sie schlagen bei mir immer synchron, nur wenn die Einkäufer ihre Bestellungen schreiben, laufen sie mitunter nicht mehr ganz so schön zusammen. Das Designerherz wird panisch, wenn die Einkäufer bestimmte Modelle in Größen bestellen, die es eigentlich nicht geben sollte, und das Unternehmerherz macht ungeachtet dessen Freudensprünge bei jedem Eintrag ins Bestellbuch.

Ich habe in meiner Kollektion eine cognacfarbene Fliegerjacke mit Lammfell-Inlay. Sportlich-klassisch, ohne Bündchen, tailliert, mit geradem Arm und der Reißverschluss sitzt keck an der Seite. Immer wieder ist mein Unternehmerherz versucht, meinem Designerherz eins auszuwischen, am Ende aber war meist das Designerherz der Taktgeber. Die Lammfelljacke sieht nur an schmalen Frauen gut aus. Bestellungen in Größe 44 oder 46 habe ich daher immer abgelehnt.

DIE AUSSAGE, JEDE WIE AUCH IMMER GEFORMTE FRAU KANN ALLES TRAGEN, IST DIE GRÖSSTE LÜGE DER MODEBRANCHE. ES STIMMT EINFACH NICHT.

»Die meisten unserer Kundinnen tragen ab 42«, sagen die Einkäufer. Und da ist sie wieder, die größte Lüge, das größte Heilsversprechen der Modebranche, vor allem dann, wenn der Umsatz zählt: Jede wie auch immer geformte Frau kann alles tragen. Aber leider stimmt das nicht. Ich will alle Frauen schöner machen, auch die jenseits von Size zero. Und deshalb sage ich nein. Die Lammfelljacke ist nur in schmalen Größen tragbar, womit ich keiner Frau, die eine große Größe braucht, eins auswischen will, es ist einfach so. Alle anderen Frauen sehen darin aus, als wollten sie sich schlank machen.

Wenn es schön warm sein soll, lobe ich mir und den Frauen den Zwiebellook: Ein lässiges Outfit mit Blazer und darüber eine schöne wärmende Steppweste. Am liebsten mit Rautenstepp. Die gibt es in allen Größen. Kaum angekommen im Büro, im Shop, im Restaurant wird die Weste abgelegt, und die Frau ist noch immer perfekt angezogen. Oder sie trägt draußen eine Daunensteppjacke unter dem Blazer, die aber dann sehr dünn sein muss.

Den alten, viel zu großen Mantel aus den achtziger und neunziger Jahren werft ihr bitte schön endlich in die Tonne. Oder ihr macht Putzlappen draus. Schon dass man ihn damals trug, war ein Fehler, aber spätestens heute kommt bei seinem Anblick hundertprozentig die Fashion Police.

Wenn die Steppweste nicht ausreichend warm ist, empfehle ich einen Daunenmantel. Aber Achtung: Er muss eine Handbreit über dem Knie enden. Alles, was länger ist, ist Modezirkus oder im schlimmsten Falle Michelin-Männchen. Schön warm zwar, aber eben ohne jede Figur.

Im richtigen Winter, im Schneesturm, wenn die Flocken lustig um die Köpfe tanzen, tragen stilbewusste Frauen zum Wärmen Tücher um den Kopf, einen mit Fell gefütterten Parka, der unbedingt vintage sein muss, oder einen Dufflecoat, den einzigen klassischen Mantel mit Kapuze. Ein toller, schwerer Wollstoff, sehr charakteristische Knebelverschlüsse aus Horn und ebenso warm wie chic. Und weil der Dufflecoat ein bisschen was Grobes hat, trägt Frau darunter ein raffiniertes Kleid.

WENN ES SCHÖN WARM SEIN SOLL, LOBE ICH MIR UND DEN FRAUEN DEN ZWIEBELLOOK.

Gottlob ist in unseren Breiten nicht immer Winter. Der deutsche Sommer dürfte zwar sehr gern ein wenig länger dauern, aber gerade die berühmten Übergangszeiten bieten eine wundervolle Möglichkeit, das Kombinieren zu üben. Für diese Phasen wurde der Princessmantel erfunden, der dank seiner zurückhal-

IM KALTEN
WINTER TRAGEN
STILBEWUSSTE FRAUEN
ZUM WÄRMEN
TÜCHER UM DEN KOPF,
EINEN MIT FELL
GEFÜTTERTEN PARKA
ODER EINEN DUFFLECOAT,
DEN EINZIGEN
KLASSISCHEN MANTEL
MIT KAPUZE.

tenden Erscheinung auch einfach Mäntelchen genannt wird. Er passt perfekt zum schlichten Etuikleid. Wer es gerne minimalistisch mag und ein bisschen aufs Budget gucken muss, der geht zu COS – hier findet man vor allem die zeitlos elegante H-Linie im japanischen Look.

Ein anderer Mantel für die Übergangsphasen – und übrigens auch in allen Größen tragbar – ist der Trenchcoat. Er zählt in Beige zu den Must-haves, und da darf es durchaus das Original von Burberry sein. Nur dann ist hundertprozentig sicher, dass er einen klassischen Gürtel und Epauletten auf den Schultern hat. Am Rücken hat der Burberry-Trenchcoat die ebenso klassische Pelerine, den angedeuteten Schulterumhang. Passt das Original als Neukauf nicht ins eigene Budget, findet man es auch im Secondhandladen. Überhaupt solltet ihr eure Suche nach einem Trenchcoat immer dort beginnen. Auch ein altgedienter Army-Parka ist perfekt für die Übergangszeit. Bei den meisten kann man sogar das Fell rausnehmen.

IN DER ÜBERGANGSZEIT EMPFIEHLT SICH EIN PRINCESSMANTEL, EIN TRENCHCOAT ODER EIN ALTER ARMY-PARKA.

Vintage ist bei Mantel und Jacke nie verkehrt, sagt mein Designerherz. Das Unternehmerherz würde eine andere Sprache sprechen. Also schweigt es lieber. Denn das ist der Fashion Rath und nicht der Wall-Street-Thomas!

Strumpfgebiete

*G*reta, meine liebe Reisejournalistin mit Größe 46, kommt viel herum in der Welt. Kaum eine Region, die sie noch nicht bereist hat, kaum eine Wetterlage, der sie noch nicht begegnet ist. Vom Monsun in Indien schrieb sie mir: »Thomas, du glaubst gar nicht, wie viel Regen vom Himmel fallen kann. Ich stehe barfuß und bis zu den Knien in der vom Wasser überfluteten Lobby meines Hotels!« Aus den USA schickte sie mir unlängst einen Schnappschuss vom Friedhof Westwood Village Memorial Park. Sie hatte Marylin Monroes Grab besucht.

»Was machst Du denn für eine morbide Reise?«, textete ich zurück. Und prompt kam die Antwort: »Ich bin auf der Suche nach dem Jenseits in verschiedenen Kulturen.« Ich bin sicher, dass ich mich, wenn ich denn Reisejournalist geworden wäre, lieber auf Strandreportagen spezialisiert hätte. Aber Greta weiß schon, was sie macht. Und sie macht es nicht nur gerne, sondern auch ziemlich gut.

Beim Stichwort Marilyn Monroe fiel mir ein, was ich Greta seit unserem letzten Treffen noch schuldig geblieben war. Ich hatte ein paar Wochen zuvor mit ihr einen intensiven, ja leidenschaftlichen Disput über schwarze Strumpfwaren geführt. Es ging, um genau zu sein, um blickdichte, schwarze Strumpfhosen. »Greta«, sagte ich zu ihr, »die frischen Temperaturen am Polarkreis sind für mich kein Argument, in Deutschland so etwas zu tragen. Es geht doch nicht darum, dass du nicht frierst, oder?« – »Nein«, sagte sie, »aber sie machen meine Beine schlanker, und ich habe ja nun nicht gerade die zierlichsten Exemplare.« Aber genau das tun sie eben nicht. Abgesehen davon, dass Greta wundervolle Beine hat, lenken die schwarzen Strümpfe den Blick noch mehr auf die Beine. »Schwarz lässt zwar jede Kontur verschwinden, aber am Volumen ändert sich nichts«, erklärte ich. »Das Ergebnis ist, dass sie unheimlich auftragen, weil sie keine Partie deines Beins betonen. Meine Augen wissen gar nicht, wo sie zuerst nicht hingucken sollen.« Greta musste lachen. »Alle Frauen mit meinen Beinen tragen blickdichte schwarze Strümpfe zum Kleid, Thomas«, sagte sie. »Eben nicht!«, gab ich streng zurück. Ich wollte gerade ein paar Beispiele geben, da wurden wir unverhofft unterbrochen.

Doch mit ihrem Schnappschuss vom Grab der großen Norma Jeane hat Greta mich an unser Gespräch erinnert. Das beste Beispiel ist doch Marilyn Monroe! Sie war mitnichten die Frau mit den schlanksten Beinen, und doch sah man sie nie mit blickdichten schwarzen Strumpfhosen. Wohlproportioniert und bestens konturiert, wie sie war, trug die Monroe zwar auch schwarz, aber höchstens als Perlonstrumpf. Da schimmert die Haut verheißungsvoll durch, und an der Rückseite verläuft eine zierliche Naht von oben nach unten, die das Bein zusätzlich streckt. »Greta«, textete ich schnell zurück, »die Monroe war's. Marylin hatte niemals blickdichte schwarze Strümpfe an!« Ich erhielt keine Antwort, mein Handy blieb totenstill, und ich machte mir Sorgen.

»Warum hast du dich nicht gemeldet?«, fragte ich sie, als Greta ein paar Wochen später in meinem Atelier stand. »Weil ich sauer war. Du hast Marylins Beine mit meinen verglichen, während ich an ihrem Grab stand. Das hat sie nicht verdient, habe ich gedacht.«

SCHWARZE STRÜMPFE ZU EINEM ROTEN ROCK – DAS IST EIN NO-GO. PROBIERT WAS NEUES AUS, ZUM BEISPIEL MUSTER!

Na schön, dachte ich, da gibt's Klärungsbedarf. Ein paar süße Teilchen vom Bäcker, einen schönen Cappuccino – und ab in die Strumpfgebiete. »Lia trägt nur Ringelsocken«, sagte Greta. Ich nickte verständnisvoll. Lia ist Gretas Tochter und gerade mal einundzwanzig. »Wenn Lia mit einem Pferd zusammenlebt, abstehende rote Zöpfe trägt und ihr Vater ein Seebär ist, dann ist das völlig in Ordnung.« Dann wechselte Greta wieder zum leidigen Thema der schwarzen Strümpfe: »Als Schwarzhasser erteilst du vermutlich gar keine Freigabe für schwarze Strumpfhosen ...« – »Doch, klar«, sagte ich. Sie war überrascht.

Wie bei jeder guten Regel hat auch mein Anti-Schwarz-Gesetz gewisse Lücken. Wenn das Outfit in der kalten Jahreszeit sportlich sein soll, sind schwarze blickdichte Strümpfe tragbar. In Kombination mit einem schwarzen Rock und sportlichen Stiefeln ist das durchaus schick. Nur muss auch hier klar sein, dass die Strümpfe zwar die Haut verstecken, aber das Volumen nicht kaschieren. Wenn eine Frau kräftige Beine hat und dazu steht, umso besser. Raus mit ihnen an die frische kalte Luft. Das Einsatzfahrzeug der Fashion Police wird erst enteist, wenn schwarze Strümpfe zu einem roten Rock getragen werden. Das ist ein No-Go. Es ist komplett einfallslos. Was ziehe ich an, wenn ich eine Farbe tragen soll? Rot. Was ziehe ich an, wenn mir meine Beine nicht gefallen? Schwarze blickdichte Strümpfe. Nein, probiert mal was anderes aus! Zu einem roten Rock, wenn man denn unbedingt einen solchen tragen muss, wählt man nudefarbene Perlonstrümpfe oder am besten gemusterte, die vielleicht sogar das Rot des Rocks aufnehmen und damit spielen. Wenn das restliche Outfit reduziert und schlicht ist, sind gemusterte Strümpfe toll! Heutzutage gibt es so viele irre Muster in allen Varianten, nur geringelt sollten sie nicht sein, das macht die Beine kurz. Am schönsten sind die Muster von Netzstrümpfen oder von solchen mit Spitzenapplikationen. Guckt mal bei Agent Provocateur, Calzedonia oder Wolford – da ist für jede etwas dabei.

SCHWARZ LÄSST ZWAR JEDE KONTUR VERSCHWINDEN, ABER AM VOLUMEN ÄNDERT SICH NICHTS.

Socken braucht eine Frau übrigens nur zwei Paar. Ein warmes für die Winterboots und ein Paar Sport-Füßlinge für den Turnschuh. Verflixt und zugenäht, jetzt ist es passiert, dabei wollte ich doch Füßlinge partout nicht erwähnen! Aber im Turnschuh sind die Dinger ganz nützlich, wenn man schwitzt. Da kann selbst ich

über meinen Schatten springen und eine Lanze für die Funktionalität brechen, aber das bleibt an dieser Stelle bitte unter uns.

Füßlinge können nach Gebrauch bei sechzig Grad wieder anständig weiß gewaschen werden. Alle anderen Füßlinge, ob aus Perlon oder Baumwolle, sind verboten. Sie sind schrecklich, vor allem dann, wenn sie aus dem Schuh herausgucken. Das ist einer der schlimmsten Fashion-Fauxpas, den eine Frau begehen kann. Im No-Go-Ranking steht der sichtbare Füßling direkt hinter Sandalen mit weißen Socken.

WENN DAS OUTFIT IN DER KALTEN JAHRESZEIT SPORTLICH SEIN SOLL, SIND SCHWARZE BLICKDICHTE STRÜMPFE TRAGBAR. IN KOMBINATION MIT EINEM SCHWARZEN ROCK UND STIEFELN IST DAS DURCHAUS SCHICK.

Die Entschuldigung für Füßlinge ist immer die gleiche: »Der Schuh drückt ...« Und was sage ich dazu? Zähne zusammenbeißen oder einen anderen Schuh anziehen. Oder halterlose Strümpfe. Heute halten sie ja tatsächlich von alleine. Und sie bringen, wenn man ihr mit Spitzen verziertes Bündchen sieht, einen Hauch von Erotik ins Tagesgeschäft – schließlich nennt man sie nicht ohne Grund auch Stay-ups. Für die Erotik zu Hause gehören Strumpfband und Strumpfgürtel unbedingt in den Kleiderschrank, und auch sonst sollten gerade die emanzipierten Frauen durchaus mit ihren Reizen spielen. Warum denn nicht? Dafür habt ihr sie schließlich.

Klotz zu Hause, Schuh am Bein

Bayreuth im Hochsommer: Alle Augen richten sich auf unsere Bundeskanzlerin. In einem Abendkleid ist sie auf dem Weg zu den Festspielen. Alles scheint bestens. Doch halt. Nicht ganz: Während die Kanzlerin für die Fotografen posiert, fallen zwei modische Vergehen auf. Erstens: Das Kleid ist zu kurz. Und zweitens: schwarze Schuhe! Die Nylonsocken möchten wir lieber unerwähnt lassen.

Immer wenn eine Frau nicht weiß, welche Schuhe zu einem neuen Outfit passen, shoppt sie ganz schnell ein Paar schwarze. Damit legt sie sich einen Klotz ans Bein, der noch nicht einmal mit Anmut und Grazie wegretuschiert werden kann. Schwarze Schuhe ziehen gewaltig nach unten, und schwarze Schuhe zum Abendkleid, da schicke ich euch die Fashion Police nach Hause, liebe Damen. Angela Merkel hätte gut daran getan, in ein nudefarbenes Paar Schuhe zu schlüpfen. Zugegeben, ein toller schwarzer High Heel ist ein Statement, und in Ausnahmefällen können schwarze Schuhe ein Outfit tatsächlich komplettieren und unterstreichen. Meistens aber vernichten sie es kolossal. Zwischen Freud und Leid liegt auch hier – wie immer – ein ganz schmaler Grat.

Neulich habe ich meine Wartezeit auf einem großen deutschen Bahnhof dafür genutzt, um von den Schuhen der Passantinnen auf ihre Outfits zu schließen. Es war fast unmöglich, weil kaum eine bei der Schuhwahl Kombinationstalent bewiesen hat. Die meisten Frauen gingen über den Bahnsteig, als sei er das Laufband im Fitnessstudio. Turnschuhe, Trainingshosen und schreckliche Funktionsjacken. Das, liebe Damen, muss auch bei besonderer Eile nicht sein, das ist kein Outfit, es ist eine Zumutung. Reine Funktion, bar jeden Stils. Zum sportlich-lässigen Flanieren reicht, wenn ich es gekonnt mache, ein einziges Piece aus der Sportabteilung völlig aus. Der Turnschuh beispielsweise. Kombiniert mit lässiger Jeans und passgenauem, tailormade Blazer ist das *Classic with a twist.*

HIGH HEELS MIT ABSATZHÖHEN AB ACHT ZENTIMETERN UND SOLCHE MIT PLATEAUSOHLEN SIND ZWAR SEHR SCHÖN, GEHÖREN ABER NUR ZUM ABENDKLEID ODER IN DIE DISKOTHEK.

Alle Farben sind erlaubt, nur muss der Schuh zum restlichen Outfit passen. Ob er das tut, wird bitte schön kurz vor dem häuslichen Spiegel getestet. Genau hinsehen und man erkennt die Wirkung der Schuhe schnell. Drei Wirkungsvarianten sind erlaubt. Variante eins: Der Schuh ordnet sich unter, das Outfit strahlt. Das ist der Fall bei einem schlichten Kitten Heel, getragen zu einem auffälligen Blazer. Variante zwei: Der Schuh ist der

Twist im klassischen Outfit, er lockert dessen Strenge auf und zeugt dabei von nonchalantem Kombinationstalent. Variante drei: Der Schuh ist optischer Mittelpunkt, Hose und Oberteil sind nur der Backgroundchor.

ES GIBT NICHTS HERRLICHERES, ALS BARFUSS IN EINEN MIT FLAUSCHIGEM FELL GEFÜTTERTEN UGG-BOOT ZU STEIGEN!

Niemals darf sich die Frau selbst überstrahlen lassen. Weder von der Fashion in Variante eins noch vom Schuh in Variante drei. Neonfarben, ob am Fuß oder anderswo, sind eher etwas für Damen mit einem Selbstbewusstsein 2.0. Man kann sie nur mit einer Selbstverständlichkeit tragen, die nicht jeder gegeben ist. Wobei, legt euch die Selbstverständlichkeit zu und dann als Belohnung schicke neonfarbene High Heels von Christian Louboutin. Wenn die zu teuer sind, gibt's auch viele tolle Modelle zum Beispiel bei Breuninger oder online bei JustFab.

Zurück zum Bahnsteig, auf dem ich vor allem Turnschuhe gesehen habe. Weiß leuchtende Turnschuhe. Kein einziges Paar hatte jemals an einem Crosslauf teilgenommen, vielmehr schienen sie alle Zeugen überaus langweiliger Freizeitgestaltung zu sein. Turnschuhe, Sneakers und Chucks müssen einer Used-Kur unterzogen werden, bevor man sie ausführt. Ab in den Sand damit, das grelle Weiß entschärfen. Im Anschluss zweimal durch die Waschmaschine, trocknen lassen, anziehen. Diese Schuhe stehen für Lässigkeit. Und lässig ist man nur bei Dingen, die man schon kennt. Neue Sachen sind nie lässig, und schon gar nicht nigelnagelneue Turnschuhe.

So sehr die Sneakers auf diesem Bahnhof glänzten, so sehr waren die Pumps ausgelatscht. Fashion-Police-Alarm, was für eine verkehrte Welt: Umgekehrt wird ein Schuh daraus. Pumps, High Heels, Ballerinas und lederne Laufschuhe gehören gehegt und gepflegt, brauchen Schuhspanner, und zwar aus unlasiertem Holz, damit diese die Feuchtigkeit aufnehmen können, gute Schuhcreme und viel Pflege mit Bürste und Poliertüchern. Und natürlich ist zwischendrin immer mal wieder ein Reha-Termin beim Schuster angesagt. Aber Turnschuh, Sneaker & Co. werden gelatscht und getriezt, brauchen Staub und Sand und ordentliches Peeling. Sind die einen ausgetreten und die Sohlen dahin, geht man mit ihnen nur noch zum Schuster, sind die anderen neu und mit allen Wassern gewaschen, streift man mit ihnen durch Wald und Flur.

NIEMALS DARF SICH DIE FRAU SELBST ÜBERSTRAHLEN LASSEN.

Eines muss ich den Damen auf dem Bahnhof lassen: Ich habe alle Schuhe gesehen, die eine Frau im Schrank stehen haben sollte. Herrliche Pumps, High Heels jeder Couleur und Höhe und mit sagenhaften Plateaus, süße Ballerinas, tolle Budapester, Absatzstiefel mit langem Schaft, Bikerboots, Sneakers, Chucks, Turnschuhe und sogar ein Paar Reitstiefel. Aber auch olle Cowboystiefel, Gartenschlappen, ungepflegte Pumps, Sandalen mit Socken, schiefe Absätze, bis zur Unkenntlichkeit mit Strass und aufgenähten Blüten dekorierte Exemplare und sogar ein Paar bare Füße mit tiefschwarzen Sohlen. Darum kümmert sich jetzt die Fashion Police, dafür habe ich gesorgt.

SCHWARZE SCHUHE ZIEHEN GEWALTIG NACH UNTEN. SCHWARZE SCHUHE ZUM ABENDKLEID, DA SCHICKE ICH EUCH DIE FASHION POLICE, LIEBE DAMEN.

Bleibt festzuhalten, dass eigentlich sehr viel gute Schuhe in den Schuhschränken der Republik vorhanden sind – was fehlt, ist die Gabe oder vielleicht auch einfach der Mut zum richtigen Kombinieren. Apropos Mut, Mut zum Schuh: High Heels mit Absatzhöhen ab acht Zentimetern und solche mit Plateausohlen sind zwar meist sehr schön, gehören aber zum Abendkleid oder in die Diskothek, nicht auf den Bahnhof. Wer von Tagesabsätzen spricht, kann nur über Pumps oder Kitten Heels reden. Fünf bis sechs Zentimeter genügen bis zur Dämmerung. Doch auch mit diesen fünf bis sechs Zentimetern will das Laufen geübt sein. Wenn's mal knapp wird, möchte man doch den Zug erwischen und nicht die Umstehenden beim Lachen. Bis man mit Absatz elegant und zügig vorwärtskommt, sind Schuhmodelle geeignet, die auf das Design von Herrenschuhen zurückgehen. Also die schon viel zitierten lässigen, bequemen und sportlichen Exemplare oder edle Klassiker wie der Budapester Halbschuh oder der Chelsea-Stiefel, der in den Sechzigern als Beatle-Boot große Popularität erlangt hat.

Alle Schuhmodelle gibt es in unendlichen Variationen, entsprechend den aktuellen Trends und Jahreszeiten. Vor acht bis zehn Jahren hat man die Läden mit niedlichen runden Pumps überschwemmt, heute sind sie eher spitz. Der Modepsychologe sagt, das wirke selbstbewusster. Nun, wenn es denn hilft. In ein paar Jahren sind sie wieder rund. In den Neunzigern mussten bei der schlimmsten Kälte Moonboots aus Plastik getragen werden, heute haben wir zum Glück wieder ansprechende Lammfellstiefel. Apropos Lammfellstiefel: Es gibt doch nichts Herrlicheres, als barfuß in einen mit flauschigem Fell gefütterten UGG-Boot zu steigen! Bedenkt aber immer, kleine Socks dabeizuhaben, falls ihr mit UGGs eine Flugreise unternehmt, sonst steht ihr am Ende mit nackten Füßen auf dem kalten, dreckigen Boden der Sicherheitskontrolle rum – kein angenehmer Gedanke.

Übrigens: Wer Schuhe regelmäßig pflegt, kann sie im Secondhandshop auch wieder zu Geld machen. Man wird davon zwar nicht gerade reich, aber wenn die Schuhe, die nicht mehr gefallen, ihren Weg gehen, ist wieder Platz im Regal für neue Exemplare. Denn was noch mehr Spaß macht als das Tragen, ist doch eigentlich das Shoppen von Schuhen.

PUMPS, HIGH HEELS, BALLERINAS UND LEDERNE LAUFSCHUHE GEHÖREN GEHEGT UND GEPFLEGT, BRAUCHEN SCHUHSPANNER AUS UNLASIERTEM HOLZ, GUTE CREME UND VIEL PFLEGE MIT BÜRSTE UND POLIERTÜCHERN. ABER TURNSCHUH, SNEAKER & CO. WERDEN GELATSCHT UND GETRIEZT, BRAUCHEN STAUB UND SAND UND ORDENTLICHES PEELING.

III

Stil hat viele Helfer

Was schmückt

*K*aufst du billig, kaufst du doppelt«, sagte neulich ein Kollege zu mir, der bei einem bekannten Label für die Damenkollektion verantwortlich ist.

Ich kenne den Spruch, meine Großmutter hat uns das auch immer eingetrichtert, und so hätte ich sofort begeistert zugestimmt, wenn er nicht Schmuck gemeint hätte. Zwar gilt für Schmuck im Grunde genommen dasselbe wie für Textilien: Qualität lebt länger. Aber gerade der immer günstiger werdende Modeschmuck, der heute in einer wunderbar großen Auswahl in fast jedem Geschäft dieser Welt angeboten wird, ist für Frauen ein absoluter Glücksfall. Sie können und sollen mit beiden Händen in die Armbandkörbe der Kaufhäuser greifen. Es sind immer mindestens drei dabei, die wirklich hübsch anzusehen sind. Beim Armband darf nämlich ruhig ein bisschen geklotzt werden, und wenn es nicht mehr gefällt, dann weg damit! Auf der nächsten Shoppingtour wird sowieso wieder eine neue Ladung Modeschmuck gekauft. Man kauft ihn immer neu, nicht doppelt, vor allem weil er so günstig ist. Aber Achtung: Das gilt nur für Armbänder.

Wenn ich hier schon eine Lanze für den Massenschmuck breche, werdet ihr mich fragen, warum dann ausgerechnet nur für den an den Handgelenken?

Ich finde, das sage ich ganz ehrlich, nackte Handgelenke bei Frauen im Alltag nicht so schön. Da soll es blitzen und blinken, da dürfen grelle Farben dran, da muss ein Materialmix her. Kunstperlenvariationen an Lederbändchen, einfache, leuchtende Plastikarmreifen neben Klimbim im Shabby-Chic und einer fetten Vintage-Herrenuhr.

BEI RINGEN IST WENIGER MEHR. NEBEN EINEM EHERING HAT MAXIMAL EIN ZWEITER RING PLATZ AN DEN HÄNDEN EINER FRAU.

Mein Kollege würde an dieser Stelle wohl nur wild den Kopf schütteln: »Wenn Schmuck, dann richtig«, würde er sagen. »Alles aus einer Schublade«, das ist seine Devise.

Aber ich möchte niemanden dazu auffordern, nur Schmuck ab einem Karat zu tragen. Außer bei Ringen, da gehe ich mit, da ist weniger mehr. Furchtbar, wenn man die Finger vor lauter Gold gar nicht mehr sieht! Neben einem Ehering hat maximal noch ein zweiter Ring Platz an den Händen einer Frau. Und der darf wirklich ruhig ab einem Karat aufwärts sein. Ein schöner Solitär, sauber und schlicht eingefasst und mit Zertifikat. Und an den Handgelenken glitzern dazu italienische Glücksarmbänder oder Bettelarmbänder, unechte Perlen und Farbhighlights aus Plastik um die Wette.

Und um den Hals? Eine Lollikette zum Abknabbern?

Um den Hals trägt Madame gar nichts, höchstens ein paar Perlen. Es sei denn, sie heiratet. Dann sind ihre Handgelenke ungeschmückt, und an der Hand trägt sie nur den Ehering, der ihr vom geliebten Bräutigam aufgesteckt wird.

An den Unterarmen viel und am Hals nichts, das passt gut zusammen. Denn Schmuck, vor allem sehr edler Schmuck, wirkt viel zu streng. Wenn es lässig und edel sein soll – und dafür kämpfe ich ja –, können die Erbstücke mit vielen anderen Teilen kombiniert werden. Warum ausgerechnet an den Handgelenken? Weil die in Bewegung sind. Am Hals hingegen ist alles statisch, an den Fingern stört es, und die Ohrläppchen leiern aus, wenn zu viel daran hängt. Aber dass mich jetzt keiner falsch versteht in Sachen Ohrschmuck: Ich bin niemand, der sich für Ohrschmuck nur auf einer Seite ausspricht. Um Gottes willen, nein! Ohrläppchen sind vielmehr der beste Ort für Perlen. Für echte Perlen. Man braucht ja auch nur zwei. Atemberaubende Exemplare gibt's zum Beispiel online bei Nici van Galen. Die sind einfach richtig toll, und man kann sie sich leisten. Oder man bekommt die Perlen vererbt. That's it.

WENN ES LÄSSIG UND EDEL SEIN SOLL, KÖNNEN ERBSTÜCKE MIT VIELEN ANDEREN TEILEN KOMBINIERT WERDEN.

Aber gerade die Erbstücke, die von Generation zu Generation durch die Stammbäume gereicht werden, sind meistens Sets. Sie bestehen aus Collier und Ohrschmuck. Wenn dem so ist, dann kann ich das Collier auch lässig ums Handgelenk wickeln. Muss Uroma ja nicht mehr mitbekommen. Perlenohrstecker plus Perlenkette sind ebenso stylish, aber eben absolut old-fashioned. Da muss dann das ganze restliche Outfit das gewisse Etwas beisteuern. Zwei Perlen reichen.

»Oder drei«, grinst mein Kollege, um mich aufzuziehen. »Zwei an den Ohren und eine im Bauchnabel.«

Ich hasse Piercings, und das weiß er. Um Tattoos mache ich einen ebenso großen Bogen. Sie hinterlassen Spuren, die niemals völlig wegzukriegen sind. Am schlimmsten sind Tattoos im Gesicht – bei den Maori ist das anders, da gehört das Tattoo zur Kultur und ist kennzeichnend für Rang und Namen.

Aber etwas mehr als nur Perlenohrringe darf es dennoch sein. Zum Abendkleid etwa muss es sogar mehr sein: zum Beispiel Creolen – übergroße Ringe, die man so nennt, weil sie aus der kreolischen Kultur stammen – oder Chandeliers – sie ähneln einem Kronleuchter, daher der Name –, wie JLo und Rihanna sie tragen. Oder wie Queen Mum sie trug. Da stehen sich die großen Damen dieser Welt in nichts nach. Solche Ohrringe sind wunderschön, aber nichts für den Alltag. Und bitte daran denken: immer paarweise tragen, nie einzeln. Erstens wird sonst ein Ohrläppchen länger als das andere, und zweitens sitzt der Kopf irgendwann schief. Dann gucken Frauen immer so schrecklich verständnisvoll.

OHRLÄPPCHEN SIND DER BESTE ORT FÜR PERLEN. FÜR ECHTE PERLEN.

Schlimmer sind nur noch die, die sich mit Holz und Kork behängen: Alles vom Baum geht als Schmuck überhaupt nicht. Stell dir mal vor, du bist ein Baum. Wächst da so im Wald deine dreißig oder vierzig Jahre. Freust dich vielleicht darauf, mal ein schöner Tisch zu sein, an dem die Leute essen können, oder eine Tür, damit die Leute ihre Ruhe haben, oder sogar eine Geige, auf der die Leute musizieren. Und was wirst du? Eintausend Holzkugeln, in bunten Lack getaucht und in schrecklichen Schmuck verwandelt. Da kannst du ja schon von Glück reden, wenn du eine Zeder bist. Dann darfst du in den Schränken noch ein bisschen die Motten vertreiben und tust immerhin noch etwas Nützliches. Also, für Kette oder Armband ist Holz wirklich nicht geeignet. Schließlich braucht ein Baum ungefähr drei bis vier Jahre, wenn er schnell ist, um stark genug zu sein. Aus Reisig kann keiner diese schrecklichen Holzkugel-Ketten produzieren.

Drei Jahre. Genauso lang wie eine Südseeperle. Aber die wird dann auch nicht für fünf Cent das Stück verkauft. Kaufst du billig, kaufst du doppelt. Wär doch wirklich schade um den Baum.

ALLES VOM BAUM GEHT ALS SCHMUCK ÜBERHAUPT NICHT.

Der Twist steckt im Detail

eine lässige italienische Freundin Sabrina besuchte mich in Düsseldorf. Tagsüber war ich mit der nächsten Kollektion beschäftigt, zeichnete und entwarf, und abends traf ich mich mit Sabrina. Das war wie ein Italienurlaub direkt vor der Tür. Ich schlenderte mit ihr durch die Stadt, in der Hoffnung, dass viele sie sehen. Dass viele sie sehen und staunen und sagen: »Was für eine Frau.« Sabrina ist die Kombinationskönigin. Sie stellt ihre Outfits mit einer Leichtigkeit zusammen, dass selbst mir davon schwindelig wird. Obwohl sie gar nicht so viel Gepäck mit auf ihre Deutschlandreise genommen hatte, sah sie jeden Abend wie verwandelt aus, zauberhaft.

Wir begegneten Frauen, die ein Modediktat der Achtziger für nach wie vor unumkehrbar hielten und Schuhe, Handtasche und Gürtel im gleichen Farbton oder in ein und derselben Lederqualität spazieren trugen. Sie schauten Sabrina an, als käme sie vom Planeten der Farbenblinden. Heute aber kombiniert man, wenn man kombinieren kann, zum klassischen Outfit den Twist. Und der steckt im Detail, in den Accessoires. Accessoires sind die Stilsymbole von heute. An ihrer Zusammenstellung lässt sich ablesen, ob sich Frau Gedanken macht, oder ob sie auf Nummer sicher gehen will. Ob sie spontan zum Wildcampen aufbricht, weil ihr und ihrer Begleitung gerade danach ist, oder ob sie sich davor so lange in Gesetzbücher vertieft, die das Wildcampen

DAS BEACHTEN
VON EIN PAAR
GRUNDREGELN
VERHILFT JEDER
FRAU ZU EINEM
UNFASSBAR
STILSICHEREN UND
KLASSISCHEN
AUFTRITT.

untersagen könnten, bis die Dunkelheit den Aufbruch ohnehin vereitelt hat.

Sabrina trug an einem Abend ein Paar tolle Sneakers. Mit Rot, mit Blau und mit kleinen Applikationen in Neongelb. Durch den Bund ihrer eng geschnittenen, abgeschrabbelten Jeans hatte sie einen braunen Gürtel gezogen. Vintage-Kroko mit der Schnalle aller Schnallen, dem goldenen H von Hermès. Für die Gürtelwahl heute gleichsam ein Muss. Einmal gekauft, kann man die Schnalle an Lederbändern jeder Art und Farbe befestigen, sie passt zu jedem Outfit, komplettiert es und wertet es im Zweifel sogar auf. Sabrina trug darüber eine weiße Bluse und einen dunkelblauen Blazer. An ihrer großen Handtasche, einem Erbstück, wie Sabrina sie nannte, hing ein Bund Anhänger. Lederbändchen in allen Farben, ein Gucci-Logo in Edelstahl, ein kleines Püppchen und Armreifen aus knallbuntem Gummi. Tags zuvor baumelte an dem einen Taschengriff eine überdimensionale Quaste in Gold mit Glitzerfäden, an die sie ein paar Buttons mit Reitmotiven gesteckt hatte, an dem anderen die Hermès-Schnalle. Durch die Gürtellaschen an der Hüfte hatte sie sich ein hellfarbiges Tuch gezogen, dazu trug sie Ballerinas.

ACCESSOIRES SIND STILSYMBOLE.

Das Wetter schlug um, und es wurde kühl und unwirtlich in Deutschland. Der Herbst kündigte sich an. »Sabrina«, sagte ich, »sollen wir lieber nach Hause?« Ich hatte das Gefühl, sie könnte frieren. »No, Thomas, ancora no! Jetzt noch nicht.« Sie lachte. Im Weitergehen zog sie wunderschöne rote Lederhandschuhe aus der Tasche. Elegant und handgenäht. »Vom Markt in Florenz«, sagte sie, »da kaufe ich immer Handschuhe, und dann freue ich mich, wenn es kühl genug wird, dass ich sie endlich anziehen kann ... Halt mal, bitte«, sagte sie und drückte sie mir in die Hand. Sie kramte in ihrer Tasche, und bald zog sie das Tuch hervor, das gestern noch Gürtel war, und legte es sich um den Hals. Und was kam dann zum Vorschein? Meine sehr blaue Baskenmütze! Ich war bass erstaunt, sie hatte sie wohl bei mir zu Hause gesehen und vorsichtshalber eingesteckt. Genial. Wunderbar. Fertig ausgestattet lachte Sabrina mich an.

HEUTE KOMBINIERT MAN ZUM KLASSISCHEN OUTFIT DEN TWIST.

Jetzt hätte es auch schneien können. Aber es regnete lieber. Nach drei Arbeitsschritten mit fließenden Übergängen entfaltete sich über uns ein gelber Schirm mit vielen weißen Punkten. »Herrlich! Ich liebe diese Polka Dots«, sagte ich. »Ach, Thomas, das weiß ich doch«, sagte Sabrina. Mit dem freudestrahlenden Schirm flanierten wir durch den regnerischen Herbstanfang. Umgeben von grauen Menschen unter schwarzen Schirmen. »È morto qualcuno importante?«, scherzte Sabrina. »Ist jemand Wichtiges gestorben?« Ich seufzte. Dann nahm ich ihren Arm unter meinen. Lachend gingen wir weiter.

»Entschuldigung, können Sie mir vielleicht die Uhrzeit sagen?« Eine ältere Düsseldorfer Dame war direkt vor uns stehengeblieben. Ich hob meinen rechten Arm so an, dass ich Sabrinas große Vintage-Rolex sah. »Viertel vor elf«, sagte ich. Die Dame starrte auf Sabrinas Uhr. Man konnte ihr ansehen, was sie dachte: Wieso, in Gottes Namen, trägt so eine grazile Frau denn bloß eine Herrenuhr am Handgelenk? Beinahe hätte ich ihr geantwortet, obwohl sie ja gar nicht gefragt hatte, aber ich hielt mich zurück und freute mich einfach leise, dass Sabrina ganz genau weiß, was man heute trägt.

Schier unerschöpflich schien Sabrinas Reisegepäck in diesen Tagen. »Sag mal, wo hast du diese ganzen Outfits versteckt?«, fragte ich sie. »Ich habe für diese Tage zwei Jeans, fünf Blusen und Wäsche, zwei Paar Schuhe, einen Blazer und Accessoires dabei. Thomas, das musst du doch sehen, es ist immer das gleiche Outfit.« Natürlich sah ich das, aber ich wollte es nicht glauben. Obwohl ja ich selbst genau das immer predige. Sabrina war wieder einmal der lebende Beweis, dass allein das Beachten von ein paar Grundregeln in Sachen Mode jeder Frau zu einem unfassbar stilsicheren und klassischen Auftritt verhelfen kann. Nicht gezwungen, nicht gewollt und niemals billig.

Brillendreher

in-, zweimal im Jahr verbringe ich ein bisschen Zeit auf Capri. Die Insel im Golf von Neapel ist mein mediterraner Ruhepol. Ich kenne sie noch aus Kindertagen – schon mein Vater war ein großer Capri-Fan. Von ihm habe ich diese Leidenschaft geerbt.

Immer wenn ich auf Capri ankomme, geht mir das Herz auf. Auch wenn die Wochen zuvor von Hektik und Termindruck der Modebranche gezeichnet waren. Kaum setze ich einen Fuß auf die Insel, entspanne ich mich, bin von jetzt auf gleich ein ausgeglichener Mensch und rufe als Erstes Sabrina an.

Auf ihre Gesellschaft freue ich mich schon Tage zuvor, sie ist ein Quell purer Inspiration. Doch einmal musste ich schlucken, als ich sie sah und in die Arme schloss. Noch in der Abflughalle in Berlin waren mir nämlich die vielen Jungs und Mädels aufgefallen, die Klamotten und Zeugs zu Outfits zusammenwurschteln, bei denen rein gar nichts zueinander passt. Heute nicht, gestern nicht und morgen schon erst recht nicht. Sie tragen diesen Stilsalat ohne irgendein Gespür für Mode. Ich predige landauf, landab mehr Selbstbewusstsein. Aber hier muss ich einmal einen echten Schnitt machen. Dieser Fashionansatz ist meine Sache nicht. Kaum Inspiration und Anmut.

Und trotzdem dachte ich über eines ihrer Erkennungszeichen nach, als der Flieger in Richtung Süden abhob. Es sind diese unfassbar großen Brillen, mit denen sich die Leute ihre jugendlichen Gesichter zerschießen. Sie sehen damit aus wie Gollum in *Der Herr der Ringe*. Ein bisschen Kindchenschema, ganz viel Nerd-Attitüde und irgendwie der schieren Hässlichkeit verpflichtet. Ich liebe große Brillen, aber ein gewisses Gefühl für Proportionen sollten selbst Hipster an den Tag legen.

So war ich also gelandet und hatte, Capri sei Dank, diesen Modealbtraum fast verdrängt, da stürmte auch schon Sabrina auf mich zu. Auf der Nase ein Monstrum von einer Brille.

»Mon dieu! Was trägst du da in deinem schönen Gesicht?« Sabrina schien erstaunt, dass ich erstaunt war: »Ma ... Un paio di occhiali!« Ich hielt Sabrina an den Schultern fest und schaute ihr ins Gesicht.

Bisher war sie mein ewiges Aushängeschild für die italienische Lässigkeit, sie hat mich inspiriert, sie lebte mein Nouveau Niveau. Und jetzt? »Sabrina, cara, ich muss das erst verdauen. Ich weiß nicht warum, aber diese Brille zerstört dein Gesicht.«

»Dai, Thomas, so schlimm? Soll ich mir lieber mit gebündelten Laserstrahlen die Netzhaut aufschneiden lassen, nur damit ich nah und fern wieder unterscheiden kann?«

Sie hatte mich falsch verstanden. »Wenn du ein Sehproblem hast und eine optische Brille brauchst, solltest du unbedingt eine tragen. Vor dem Augapfelschnitt gruselt mir genauso wie dir. Und eine Brille ist ein tolles Accessoire, mit dem eine Frau ihr Gesicht betonen kann. Eine Brille steht, wenn es die richtige ist, für Sexyness.«

»Meine aber nicht«, sagte Sabrina enttäuscht. Ich blieb stehen. »Sabrina, Liebes, schau mir in die Augen.« Ich musste noch ein-

mal überprüfen, welcher Rath jetzt recht hatte. Der, dem die unmodischen jungen Leute nicht aus dem Kopf gingen, oder der, der selbst gerne große Brillen trägt? Ich war wirklich überfordert. Je länger ich sie anschaute, desto deutlicher wurde mir, dass ich einem Irrtum aufgesessen war.

⊏INE BRILLE STEHT, WENN ES DIE RICHTIGE IST, FÜR SEXYNESS.

Sabrina trug mit ihrer dunklen, fast schwarzen Hornbrille ein sehr prägnantes Accessoire. Ich ließ sie ein paar Schritte auf mich zumachen. »Dreh dich einmal im Kreis, bitte.« Sie drehte sich. Und in meinem Kopf drehte es sich auch. Die Berliner Hipster mit ihren Uniformen aus karierten Röhrenhosen, viel zu weiten Trenchcoats, knalligen Halstüchern und ausgebeulten Baumwolltaschen über der Schulter schwirrten mir durch den Kopf. Ihre dickrandigen Brillen waren nur der Aufhänger für meine Echauffiertheit, weil ich sie doch selbst so gerne trage. Ich hatte sie im Fokus, weil die Hipster sie zu ihrem Aushängeschild erkoren haben. Was ich aber nicht bedacht hatte: So einen undezidierten Look kann eben noch nicht einmal die schönste Brille wettmachen. Ich hätte mir Sabrinas Outfit in Gänze ansehen müssen. Nicht nur die Brille.

Ich konzentrierte mich auf Sabrina. »Bleib stehen«, sagte ich. Und plötzlich ging es. Sie stand vor mir und schaute mich erwartungsvoll an. Natürlich hatte sie jetzt Klärungsbedarf, und ich wusste, dass ich es war und nicht sie, der einen viel zu großen

Gegenstand vor dem Kopf hatte, ein Riesenbrett nämlich. Denn ohne die Hipster im Blickfeld, machte Sabrinas neuer Look selbstverständlich etwas her.

GERADE SONNENBRILLEN KÖNNEN NICHT GROSS GENUG SEIN.

Eigentlich ist unser Gehirn schon lange an Brillen gewöhnt. Auch an große. Gerade Sonnenbrillen können nicht groß genug sein, das ist ein allseits bekanntes Modegesetz. Es wird sich entwickelt haben, weil kleine Sonnenbrillen die Augen nur wenig vor dem grellen Licht schützen. Die große Sonnenbrille ist die einzig funktionale Sonnenbrille. Schon in den fünfziger und sechziger Jahren waren die größten Brillen die mit dem getönten Glas. Und auch einer der beeindruckendsten weiblichen Looks wird erst mit Brille wirklich rund: Der klassische Sekretärinnenlook, siehe *Mad Men*.

»Sabrina, cara, entschuldige, ich war ein bisschen derangiert. Ich liebe Brillen, also liebe ich auch deine. Du siehst eben einfach anders aus.« Das Bild meiner persönlichen Nouveau-Niveau-Ikone wurde langsam wieder perfekt. Ich fragte sie, woher sie die Brille hatte.

»Kannst du dich noch an meine Nonna erinnern?«, sagte sie. Das konnte ich gut. Die alte Dame hat gesammelt, was nicht angetackert war. Nur gefallen musste es ihr. In Nonnas Sammelsurium fanden Sabrina und ich schon als Kinder immer genau das, was wir suchten. Und der Vorrat schien noch nicht aufgebraucht,

wie die wundervolle Vintage-Hornbrille bewies. Sabrina hatte sich die Gläser extra anfertigen lassen und konnte nun viel besser sehen. Ich legte einen Arm um sie und schaute in ihr schönes, neues Gesicht. Wunderbar sah sie aus, sehr stilvoll und sehr lässig. Wie die Capri-Sonne, die langsam im Meer versank.

DER KLASSISCHE SEKRETÄRINNENLOOK IST EINER DER BEEINDRUCKENDSTEN WEIBLICHEN LOOKS.

Taschen-Gassi

*D*ie Tasche ist das innere Sanktum einer Frau, in ihr befindet sich alles, was ihr hoch und heilig ist. Zeig mir deine Tasche, und ich sag dir, wer du bist. Denkt nur mal an die unzähligen Lippenstifte, Taschentücher, Notizzettel, Kaugummipäckchen, Kassenbelege, Eyeliner, Schlüssel, Handys und so weiter, die sich da immer von neuem versammeln. Es gibt ganze Internetforen über den Inhalt von Frauenhandtaschen, und ich kenne die lustigsten Geschichten von vergessenen ... Aber lassen wir das! Jedenfalls zählt die Tasche darum zu den wichtigsten Accessoires überhaupt. Bei der Wahl einer Tasche gibt es zwei entscheidende Kriterien: Erstens muss sie der Trägerin gefallen. Und zweitens muss sie sie gerne tragen. Denn auch wenn die Tasche überfüllt ist – und das ist sie gerne mal – , darf sie nie zur Last fallen. Weil bei Taschen fast alles erlaubt ist, was gefällt, gibt es nur selten etwas zu tun für meine Fashion Police.

Vor ein paar Wochen saß ich in netter Runde im Meetingraum eines großen Verlagshauses. Auf dem Tisch vor uns lagen Fotos von prominenten Damen beim Posieren auf dem roten Teppich. Wir mussten entscheiden, welche der Prominenten den Red-Carpet-Award des Modemagazins gewinnen soll. Während ich noch beflissen suchte, wer überhaupt auf den Bildern zu sehen war, teilte eine Kollegin die Fotos in zwei Stapel auf. Wobei der eine Stapel sehr klein blieb und der andere rasant in die Höhe schnellte.

»Was machst du denn?«, fragte ich. »Ich sortiere«, sagte sie, »nach Taschen. Die mit den großen Taschen kommen auf den einen, die mit Clutch oder ganz ohne Tasche auf den anderen Haufen.« Da wusste ich sofort, welche den großen Stapel ausmachten.

ZEIG MIR DEINE TASCHE, UND ICH SAG DIR, WER DU BIST.

Auf ihre Kelly Bag oder ihre Birkin Bag kann jede Frau stolz sein, auch die prominenten, aber ein Red Carpet wird wirklich nicht ausgerollt, damit man darauf seine Lieblingstasche ausführt. Ein roter Teppich ist der Promizubringer für eine Gala oder ein Charity-Event und keine Taschenausstellung. Warum müssen denn die Damen anlässlich einer Veranstaltung, die einen bestimmten Dresscode erfordert, mit ihrer Louis Vuitton Speedy posieren? Warum müssen sie überhaupt eine Riesentasche zu so einem Event mitnehmen? Was braucht man denn an so einem Abend? Zwanzig Euro fürs Taxi ins Hotel, ein bisschen Puder und das Smartphone, falls es langweilig wird – that's it. Glamour, Glanz und Status muss man als Dame schon selbst zustande bringen. Das lässt sich nicht auf Nummer sicher in einer Tasche verstauen. Alles, was größer ist als eine Clutch, wirkt überdimensional auf dem roten Teppich. Kaum größer als ein Portemonnaie, hält man die Clutch elegant an einer ihrer vier Ecken. Man trägt sie weder wie ein Buch noch wie eine Akte unter den Arm geklemmt. Jedes Kleid findet seine Clutch, es gibt sie in allen Farben und aus jedem Material, abgesehen natürlich davon, dass man sich auch eine Clutch anfertigen lassen kann. Man kann, man muss natürlich nicht.

Eine Clutch unterstreicht das Kleid, das ich am Abend trage, aber sie überstrahlt es nicht. Ganz im Gegensatz zu Kelly, Birkin & Co., die schon alleine sehr viel Stil, Klasse, Tradition und Standing haben – aber vor allen Dingen Size. Sie sind so groß, so selten, so schön und auf den Fotos solche Eyecatcher, dass sie Abendkleid und Anlass in den Schatten stellen. Vermutlich ist es leider das, was die Prominenten unbewusst erreichen wollen. Ablenken von aufkommenden Fältchen, von entglittener Botoxbehandlung, von Schuhen, die sie schon auf dem vorletzten Teppich trugen, vom fehlenden Boy Toy, mit dem es sich bereits wieder ausgespielt hat. Kurz gesagt: Unsicherheit und mangelndes Selbstbewusstsein führen zum Taschen-Gassi auf dem roten Teppich.

Spontan rief ich eine Freundin an, deren Foto auf dem großen Stapel lag. »Meine Schöne, sag mir mal, warum deine Speedy mit auf den Red Carpet musste? ... Nein, nicht Dackeldame Friedi, Speedy, deine Tasche. Schätzelein, du wirst doch auch eine Clutch im Taschenregal haben, oder? ... Siehst du. Vintage ist schön und gut. Es kommt aber manchmal auf andere Sachen an. Deine graue Dackeldame bringst du ja auch nicht mit zur Gala, nur weil sie so vintage wie selten ist!«

EIN ROTER TEPPICH IST DER PROMIZUBRINGER ZU EINEM EVENT UND KEINE TASCHENAUSSTELLUNG. ALLES, WAS GRÖSSER IST ALS EINE CLUTCH, WIRKT ÜBERDIMENSIONAL.

Ein plötzlicher Anfall von Unsicherheit sei der Grund gewesen. Meine Freundin war von ihrer Schuhwahl nicht hundertprozentig überzeugt und wollte mit der Tasche ablenken, was ihr im ersten Augenblick ja auch gelungen ist: Die Speedy ist aus der Limited edition von 2001, die hat sonst fast niemand.

Ja, eine Tasche ist toll. Wie alles, was toll ist, birgt auch sie große Gefahren. Statt auf sich selbst zu schauen und festzustellen, hey, wenn ich zu diesem Event eingeladen werde, ist das eine Auszeichnung für das von mir Erreichte, lassen sich auch Prominente verleiten und werden unfreiwillig zu wandelnden Litfaßsäulen. Damit ist aber keiner der Beteiligten geholfen, weder der Prominenten noch Birkin, Kelly oder Speedy. Die Taschen werden so bloß zu unsympathischen Angeberprodukten, obwohl sie als klassisches Accessoire einen festen Platz im Moderegal der Moderne verdient haben. Wer so eine große Tasche trägt, muss sehr viel Selbstbewusstsein haben, sonst wirkt es albern.

DIE TASCHE DER FRAU ZÄHLT ZU DEN WICHTIGSTEN ACCESSOIRES ÜBERHAUPT.

Wirken die schönen Handtaschen auf dem roten Teppich überdimensioniert, sind sie auf Reisen wiederum echte Hingucker. Wobei gerade beim Reisegepäck sogar erlaubt werden kann, was eher nützlich als schön ist. Wer mit dem Flieger reist und am Gepäckband nicht warten will, nimmt ein Handgepäckstück, das in erster Linie leicht ist. Damit viel reinpasst. Gleiches gilt für das Gepäck, das man beim Check-in aufgibt, wenn man denn möchte oder muss. Schön sieht so etwas zwar meist nicht aus, es passen aber umso mehr schöne Sachen rein. Hier darf man die Funktion der Form vorziehen. Mit ein paar neckischen Schlüsselanhängern, Quasten oder Modeschmuckplunder werden lieblose Gepäckstücke optisch aufgewertet. Und der größte Vorteil daran: Man findet seinen aufgepeppten Koffer zwischen dem ganzen anderen Grau und Schwarz auf dem Gepäckband sofort wieder.

NIEMALS DARF REISEGEPÄCK ZUM ALLTAGSACCESSOIRE WERDEN.

Niemals aber darf Reisegepäck zum Alltagsaccessoire werden. Auch nicht, wenn es als geschrumpfte Treckingausrüstung auf dem Rücken getragen wird, wie diese unsäglichen Minirucksäcke. Es mag zwar praktisch sein, wenn eine Frau trotz großem Einkauf beide Arme frei hat, es ist aber auch nur das: praktisch. Sehe ich irgendwo Rucksäcke oder Bauchtaschen, rufe ich die Fashion Police. Hässlich und mit nichts kombinierbar außer mit einer Mülltonne. Auch wenn Frau im Sinne größtmöglicher Kombinationsmöglichkeiten viele Taschen besitzen sollte, gehören solche mit Trekking- und Travellerfunktion nicht in ihre Sammlung. Es sei denn, sie will bergsteigen im Himalaya. Eines der wenigen Gebiete, zu denen die Fashion Police keinen Zutritt hat – besser: haben will.

Betont betucht

*I*ch war selbstverständlich immer davon ausgegangen, dass ich in meinem Kleiderschrank die größte Sammlung an Tüchern habe, die die Welt je gesehen hat. Einstecktücher in fünfundvierzig mal fünfundvierzig Zentimetern, Halstücher in neunzig mal neunzig Zentimetern, in Knallfarben, gemustert, mit Punkten, Streifen, Karos, mit Fransen, Glitzerfäden und Stickereien. Schätzungsweise hundertfünfzig solche Tücher umfasst meine Auswahl. Und dann das: Mein Mann und ich waren eingeladen zu einem gemütlichen Abendessen bei Freunden von Freunden. Nur ganz selten unternehmen Sandro und ich Besuche bei uns Unbekannten. Bei diesem Essen sollte aber auch auf den Hochzeitstag unserer Freunde angestoßen werden, sie hatten zufälligerweise am gleichen Datum geheiratet wie ihre Freunde, und so feierten sie zusammen. Und wir waren eingeladen.

Irgendwie ist es verhext. Es gibt Tage, da dreht sich mit einem Mal alles um ein einziges Modethema. Ich war fest davon überzeugt, ein sommerlich gelbes Halstuch mit weißen und hellroten Punkten zu besitzen. Ich fand es nicht. Ich stieg in den Keller hinunter, um zu sehen, ob es sich vielleicht dorthin verirrt hatte, dort lagere ich nämlich in zwei mobilen Schränken aus Stoff immer im Wechsel die Winter- oder die Sommerkleider, alle sicher und trocken verpackt und so sortiert, dass ich auf Anhieb alles finden kann. Aber auch hier: Fehlanzeige. Das Tuch war weg. »Du wirst davon geträumt haben«, sagte Sandro. Vielleicht war es so. Auch wenn ich's nicht glauben mag. Es war ein typischer Tuchtag.

ES GIBT TAGE, DA DREHT SICH MIT EINEM MAL ALLES UM EIN EINZIGES MODETHEMA.

In der hintersten Ecke meiner Halstuchschublade fand ich schließlich ein Einstecktuch, das das gesuchte Muster aufwies. Also gab ich mich damit zufrieden, sagte: »Da ist es ja!«, und wusste, dass es nicht das gesuchte war. Vielmehr bestätigte es meine Zweifel, denn wenn ich ein Einstecktuch in diesem Muster hatte, dann besaß ich auch das große Tuch dazu. Nicht, dass ich sie kombiniert getragen hätte, es handelt sich hier eher um eine Marotte des klassischen Suchtprinzips Habenwollen, das ich, gerade was Tücher angeht, zugegebenermaßen in einer exzessiven Ausprägung entwickelt habe.

Nach einem schönen Aperitif nahmen wir an einem großen Esstisch aus alten Eichenbohlen Platz. Ein herrlich opulentes Menü wurde serviert, und nach dem Hauptgang durften wir, ganz wie es sich für ein perfektes Dinner gehört, und damit meine ich nicht die Serie im Fernsehen, das Haus der Freunde unserer Freunde gründlich in Augenschein nehmen.

Die Gastgeberin, das ist mir natürlich gleich aufgefallen, trug ein tolles Vintage-Tuch von Hermès in Gold, Rubinrot, Gelb und Cremeweiß. Ich machte mich auf die Suche nach ihrer Tuch-

schublade. Kurz bevor das Dessert serviert werden sollte, zog ich die letzte Schublade eines begehbaren Kleiderschranks im dritten Obergeschoss auf. Passend zu meinem Tuchtag hatte ich das Tuchparadies gefunden. Wie es sich für Tücher gehört, lagen sie wild durcheinander in der riesigen Schublade. Einige Tücher erinnerten mich an meine eigenen, aber das Ausmaß dieser Sammlung machte mich fassungslos. Da waren so viele Tücher, schätzungsweise für jeden Tag des Jahres eines, in allen Farben, die es in der Natur gibt, und auch in solchen, für die Farbfächer erfunden wurden. Ich fand alle Muster, die es gibt, Karo, Polka Dots, Streifen, unifarben und das klassische Paisley, das ich, außer wenn es frisch und bunt aufgepeppt daherkommt, in Gedanken eher bei den alten Damen verorte, ohne das im Geringsten abschätzig zu meinen. Das Schwierige an den klassischen Paisleytüchern ist ja nicht das Muster aus stilisierten Föhrenzapfen, sondern vielmehr diese Graupensuppenfarben, in denen Paisley oft auftritt. In dieser wundersamen Schublade aber lagen Kombinationen von Paisley mit geometrischen Mustern oder floralen Ornamenten.

DICKE SCHALS AUS CASHMERE SIND DEM WINTER VORBEHALTEN, SEIDENSCHALS DEM SOMMER.

So muss eine Tuchschublade aussehen. Morgens zieht die Gastgeberin ihr Outfit an, und dann geht der Spaß erst los. Schublade auf und reingegriffen. Heute mal eines um den Hals und morgen ein anderes als Gürtel durch die Schlaufen der Jeans gezogen. Mit einem schönen Knoten an der Seite ist das sehr modern, aber eben mit einer klassischen Grundlage. So, wie ich die Frauen sehe, so wie es meinem Modebild entspricht: elegant, selbstbewusst und mit einem gehörigen Twist. Am übernächsten Morgen bindet sie sich eines der Einstecktücher eng und majestätisch um den Hals, ein weiteres nimmt sie mit zum Taschenregal und wickelt es lässig um den Griff ihrer Hermès-Tasche. Eines Tages wird sie sich auch ein Tuch ins Haar binden, vielleicht sogar ein großes Halstuch zu einem lässig-eleganten Turban wickeln, um zu einem anderen Anlass dann wieder mit einem grellen Einstecktuch ihren Blazer aufzupeppen oder schlicht ein Tuch um das Handgelenk zu tragen. Sie wird auch ein Tuch um ihre Fessel binden und, falls sie auf einer Kostümparty die Arme bedecken will, sich eines old-fashioned über die Schultern legen. Im Sommer hat sie immer einen Pashmina dabei, falls es am Abend kühl wird, und im Winter einen Cashmereschal.

Es gibt bei Tüchern fast keine Trageregel und beim Schal, ihrem nahen Verwandten, nur eine einzige: Dicke Schals aus Cashmere sind dem Winter vorbehalten, Seidenschals dem Sommer.

Tücher setzen den Akzent, sie sind die Crema eines Outfits, sie leiten die Blicke. Ein komplett in Beige gehaltenes Outfit kann eine Frau nur ernsthaft tragen, wenn sie es mit einem sehr bunten Tuch garniert. So wie eine bestimmt leckere, aber irgendwie gewöhnliche Torte mit mehreren Etagen aus Biskuit und Sahnecreme erst durch die passende Dekoration zu einer aufregenden Hochzeitstorte wird, so wird auch eine stimmige Modekombination erst mit der richtigen Dekoration zu einem ganzheitlichen Outfit.

SO ENTSPRECHEN DIE
FRAUEN MEINEM MODEBILD:
ELEGANT, SELBSTBEWUSST
UND MIT EINEM GEHÖRIGEN
TWIST.

Ich wühlte also weltvergessen durch diese Schublade, und plötzlich stand Sandro im Türrahmen. Er wollte mir sagen, dass unsere neuen Freunde mit dem Dessert auf mich warten. Stattdessen sagte er: »Da ist es ja.« – »Was denn?«, fragte ich verdutzt. »Na, dein Tuch!«

TÜCHER LIEGEN AM BESTEN WILD DURCHEINANDER IN EINER RIESIGEN SCHUBLADE. SO KANN MAN SCHÖN DARIN WÜHLEN.

Und wirklich, ich hielt es in den Händen. Das Tuch, das ich zu Hause gesucht hatte, von dem ich mir so sicher gewesen war, dass ich es besaß. »Komm jetzt, wir müssen runter«, sagte Sandro, während ich mir das Tuch unbewusst um den Hals legte. »Die warten alle schon mit dem Dessert, und es sieht wirklich köstlich aus.«

»Ist es nicht schön, durch fremde Häuser zu stöbern?«, fragte die Gastgeberin fröhlich, als wir alle wieder am großen Tisch saßen. »Ich liebe das.« Mir war das verständlicherweise etwas peinlich, ich fühlte mich ertappt und sagte: »O ja, aber es ist anstrengend.«

Das Tuch beschäftigte mich immer noch. Sehr anstrengend sogar, dachte ich bei mir, und ich kann das auch nie wieder tun. Ich hatte das seltsame Gefühl, sechs Schmerztabletten eingeworfen zu haben. Ich war komplett benommen. An das Dessert kann ich mich bis heute nicht erinnern.

Zum Abschied sagte die Gastgeberin zu mir: »Was für ein tolles Tuch du hast!« – »Oh«, ich versank im Gründerzeitparkett, »ent-

schuldige, das habe ich aus deiner Schublade.« Ich wollte es ihr zurückgeben, aber sie winkte ab. »Ich schenke es dir.« Natürlich konnte ich das Geschenk nicht annehmen – leihweise mitnehmen aber schon. Es war eben mein Tuchtag.

Als ein paar Tage später plötzlich ein Westentag bei mir anbrach, lag das Tuch schon wieder in der größten Tuchschublade der Welt bei seinen Freunden.

TÜCHER SETZEN DEN AKZENT,
SIE SIND DIE CREMA EINES OUTFITS,
SIE LEITEN DIE BLICKE.

Tag der offenen Tür

*J*ede Frau kennt diesen Moment. Sie tritt so, wie Gott sie erschaffen hat, aus dem Bad und vor den Kleiderschrank. Der bevorstehende Abend verspricht die Party des Jahrhunderts oder wenigstens ein Rendezvous mit dem Mann ihrer Träume. Und genau in dem Moment überkommt sie diese leise Panik.

Nehmen wir zum Beispiel den Schrank meiner lieben Freundin Babette, meiner Schrank-Babette. Es ist ein Schrank mit vielen Türen, Fächern und Schubladen. Ein wahres Monstrum von einem Schrank. Während ich noch in der Küche stehe, um uns beiden ein Glas Champagner einzuschenken, kann ich sie schon hören, die Türen und Schubladen, wie sie nun alle der Reihe nach auf- und wieder zufliegen. Und schon bevor Babette auch nur anhebt zu sprechen, weiß ich schon, was sie mir sagen wird, weil sie es immer sagt: »Thomas!«, höre ich sie von oben herunterrufen und in ihrer Stimme schwingt echte Verzweiflung mit. »Thomas, ich habe einfach nichts anzuziehen ...«

Das Spiel, das nun normalerweise beginnt, habe ich schon viele Male mitgespielt. Zuerst beruhige ich Babette: »Alles halb so wild. Trink mal einen Schluck.« Dann gehe ich mit ihr die Reihen der Kleider durch, zusammen sehen wir uns Heerscharen von Blusen und Oberteilen an und legen sie mit Tüchern und Taschen, mit Gürteln und Schuhen zu einer endlosen Reihe wunderbarer

Outfits zusammen, bis sich Babette schließlich für eines entscheidet. Meistens ist es das zweite oder dritte Outfit, das ich gleich zu Beginn kombiniert habe. Ich bin gut in diesem Spiel, es ist eines meiner Lieblingsspiele. Nicht umsonst bin ich im Modebusiness.

Aber an diesem Abend ist alles anders. Ich setze mich zwischen all die bereits ausgebreiteten Kleider auf den Rand des Bettes und schaue in die weit aufgerissenen Türen und Schubladen. Dort drängen sich die Kleider dicht an dicht, liegen die schönsten Taschen wild in den Ecken verteilt wie Kiesel in einem Flussbett, türmen sich Schuhkartons zu einem kubistischen Luxusgebirge, von den Stapeln sorgsam gefalteter Oberteile, die bis in den Himmel zu ragen scheinen, einmal ganz zu schweigen.

Meine Freundin Babette arbeitet hart und belohnt sich dafür mit den schönen Dingen des Lebens – mit Modestücken. Sie hat dabei einen ganz ausgesprochen exquisiten Geschmack. Aber in diesem Durcheinander hilft das beste Stilempfinden nicht mehr weiter, hier kann, nein, hier muss sie einfach nur den Überblick verlieren. Sie hat alles, aber sie findet nichts. Ich nippe an meinem Glas und sage ganz vorsichtig: »Babette, Darling, ich glaube, wir müssen dir einen neuen Kleiderschrank besorgen.« Im ersten Augenblick befürchte ich noch, dass Babette mich mit den mörderischen Absätzen der Louboutins, die sie in der Hand hält, niederstrecken wird. Aber dann schmunzelt sie und sagt nur ein einziges Wort: »Begehbar!«

Wenn ein Mann viel Geld hat und seine Frau wirklich, und ich meine wirklich, glücklich machen will, dann kauft er ihr weder eine Wohnung noch ein Haus. Wenn ein Mann seine Frau wirklich glücklich machen will, dann kauft er ihr einen begehbaren

Kleiderschrank mit einer Wohnung oder einem Haus drum rum. Ein begehbarer Kleiderschrank ist wie eine Boutique – nur zu Hause. Und beim Verlassen muss man nicht jedes Mal die Kreditkarte zücken. Ein begehbarer Kleiderschrank muss auch nicht zwingend die Dimension einer amerikanischen Doppelgarage haben. *Size does not matter.* Er muss nur gut geplant sein.

Mit dem Zollstock messe ich erst einmal die Grundfläche des Raumes aus. Klarer Fall. »Babette, Liebes, du hast ein Glück! Dein Zimmer mit Schrank wird ein Schrankzimmer. Mit Mode an allen Wänden.«

AUF KLEIDERSTANGEN GEHÖREN NICHT SO VIELE BÜGEL, WIE DRAUFPASSEN.

»Thomas«, sagt Babette, »ich freue mich so! Lass uns feiern gehen. Dem Schrank widme ich mich morgen. Ich muss ihn ja sowieso anfertigen lassen, da sollen die den auch gleich planen. Sag mir nur schnell, was wichtig ist.«

Babette ist Businessfrau und kann delegieren. Sie muss nicht alles selber wissen, sie muss nur wissen, wer es weiß. Und sie braucht fachkundige Zuarbeiter. Wie im Job, so auch zu Hause, wie bei der nächsten Firmenübernahme, so auch beim neuen Kleiderschrank. Heute bin ich Babettes Experte und gebe ihr zehn Tipps für einen begehbaren Traum.

Selbstverständlich kann man alle Tipps auch anwenden für einen normalen Kleiderschrank. Die Hauptsache ist, dass die Kleider darin genügend Platz haben und nicht auf dem Sofa zerknittern oder unter dem Bett verstauben.

WENN EIN MANN SEINE FRAU WIRKLICH GLÜCKLICH MACHEN WILL, DANN KAUFT ER IHR WEDER EINE WOHNUNG NOCH EIN HAUS. WENN EIN MANN SEINE FRAU WIRKLICH GLÜCKLICH MACHEN WILL, DANN KAUFT ER IHR EINEN BEGEHBAREN KLEIDERSCHRANK MIT EINER WOHNUNG ODER EINEM HAUS DRUM RUM.

SUCHE MIT TIEFGANG

Schranktiefe von sechzig Zentimetern nur für hängende Teile – Blusen, Kleider, Blazer, Jacken. In tiefen Fächern verschwinden Dinge, die man irgendwann gar nicht mehr vermisst, weil man sie vergessen hat.

CLIFFHANGER

Die Fächer für liegende Teile sind vierzig Zentimeter tief, die Shirts und Pullover liegen an der Fachkante. So kann man auch bei höher gelegenen Fächern ohne Leiter sehen, was drin ist.

DIE MITTE DES RAUMES

Ein begehbarer Kleiderschrank wird endgültig zum Schrankzimmer, wenn in seiner Mitte ein Tischblock steht, auf dem die Outfits zusammengestellt werden können. Ein toller Luxus. Einfach fan-tas-tisch!

MASSVOLL

Bevor ein neuer Schrank gekauft oder in Auftrag gegeben wird, ist zu prüfen, mit welchen Teilen man sich ewig binden möchte und vor allem, wohin sie kommen. Wie viele Teile habe ich, die hängen müssen, wie viele Teile, die liegen?

BIS DASS DER NEUE SCHRANK EUCH SCHEIDET

Noch einmal sehr genau überprüfen, was wirklich in den neuen Schrank einziehen muss. Das sind die allerbesten Momente, um sich von alten Dingen zu trennen. Ehemalige Lieblingsstücke müssen nicht in den Müll, es gibt ja auch Freunde und Secondhandgeschäfte.

AUS DER HÜFTE

Nicht nur praktisch, sondern auch schön sind kleine ausziehbare Arbeitsplatten in Hüfthöhe. Darauf kann man Accessoires drapieren oder einen Kerzenständer. Mit ein wenig Dekoration ist ein begehbarer Kleiderschrank nicht nur ein Nutzraum – er lädt auch zum Verweilen ein. Warum soll eine Frau nicht ein wenig Zeit mit ihren Lieblingen verbringen?

GESCHLOSSENE GESELLSCHAFT

Wäsche und Strumpfwaren sollten auch im Schrankzimmer nicht auf den ersten Blick zu sehen sein. Sie werden in Schubladen oder Kästen verwahrt. Dann kann man auch mal Besuch empfangen im Kleiderschrank.

SPIEGLEIN, SPIEGLEIN

Kleine Spiegel gehören in die Handtasche oder auf den Schminktisch. Zum Überprüfen des Outfits braucht man einen lebensgroßen Spiegel. Am besten mehrere. Einen im Schrankzimmer, einen im Flur und einen vor der Eingangstür. Dreimal überprüft ist ein Outfit ausgehfertig. Wer ist die Schönste im ganzen Land?

PLATZ AUF DER STANGE

Auf Kleiderstangen gehören nicht so viele Bügel, wie draufpassen. Mindestens zehn Zentimeter Platz sollte zwischen den Bügeln sein. Sonst wird es unübersichtlich. Die Bügel selbst, ob für

Bluse, Blazer oder Kleid, sollten breite Schultern haben und mit Stoff bezogen sein. So bleiben die Kleider in Form und rutschen bei Bewegung im Schrank nicht herunter. Nie gebrauchen und immer gleich wegwerfen: die Bügel der Reinigung!

LICHTE MOMENTE

Ein Kleiderschrank braucht zwar kein Fenster mit Aussicht, aber sehr viel Licht. Am besten man installiert LED-Leisten in den Fächern. Und bei einem begehbaren Kleiderschrank eine indirekte Beleuchtung der Decke, die das Licht flächig in den Raum abgibt. Und über dem Tisch in der Mitte hängt ein großer Lüster ...

Verpflegt und zugeschminkt

ch könnte endlos Geschichten erzählen über all die Make-up-Fauxpas, deren Zeuge ich auf Laufstegen und in Ankleiden, im Laden oder auf der Straße bereits geworden bin. Ich müsste dabei wohl auch über das eine oder andere Gesicht prominenter Models und Schauspielerinnen sprechen in einem Ton, der mir nicht gut zu Gesicht stehen würde. Es gibt Frauen, die alle Make-up-Fehler begehen, die man sich nur vorstellen kann. Man glaubt es kaum. Daher folgen an dieser Stelle die wichtigsten Tipps von Thomas Rath für ein ebenso perfektes wie dezentes Styling:

DÉCOLLETÉ DÉSASTREUX

Wer Haut zeigt, muss sie auch pflegen. Das gilt auch für das Dekolleté. Zu denken, ach, das brauche ich ja nur am Samstag zu machen, da reicht dann etwas Puder und ein Abdeckstift für den kleinen Pickel, verbietet sich von selbst. Auf Oberweiten fällt das Licht jeder einzelnen Lampe. Und gerade bei Events und gesellschaftlichen Anlässen gibt es besonders viele Scheinwerfer, nicht zu vergessen die Blitzlichter der Fotografen.

LESS IS MORE

Was für das Dekolleté gilt, gilt selbstverständlich auch für das Gesicht. Pflegen statt spachteln, ist die Devise. Jeder gute Make-up-Artist kann auch eine Pflegecreme empfehlen. Und wenn einer einem sagt: »Damit würde ich zum Hautarzt gehen«, dann ist das ganz und gar nicht böse gemeint. In vielen sogenannten Pflegeprodukten steckt so viel Chemie, dass wir unserer Haut manchmal viel mehr schaden, als ihr zu helfen. Eine reine Haut braucht nur wenig Make-up, es sollte in den Farben auf den Hauttyp abgestimmt sein. Diesen Typ herauszufinden, das ist die Baustelle der Visagisten. Für das eigene Kosmetikstudio zu Hause heißt es: *Less is more*. Lieber eine getönte Tagescreme mit ein wenig Puder darüber verwenden als eine Spachtelmasse in Farbtönen südlicher Kontinente.

EINE REINE HAUT BRAUCHT NUR WENIG MAKE-UP, ES SOLLTE IN DEN FARBEN AUF DEN HAUTTYP ABGESTIMMT SEIN.

GEPUDERT

Um zu viel Puder zu vermeiden, hilft ein simpler Trick: Einfach die Haut direkt vor dem Auftragen mit einem Kleenex-Tuch abtupfen. Mit einer feuchten Stirn brauche ich viel mehr Puder, um den Glanz zu entkräften. Ist die Haut bereits schön trocken, reicht etwas transparenter Puder meist schon aus. Den transparenten Puder arbeitet man mit Spuren von terrakottafarbenem Puder nach. Er bewirkt einen herrlichen Summer Glow. In zwei Schichten und mit zwei Pudern zu arbeiten ist für das Ergebnis sehr wichtig: Wenn ich den farbigen Puder direkt auf die Haut aufbringe, riskiere ich Flecken im Gesicht.

NUR FREI IST FREI

»Was hast du denn da für Farben im Gesicht?« – »Ich war bei Soundso, das ist die neue Kollektion von denen. Grell, gell?« Wenn
ich mich zu Kosmetik und Make-up von Vertreterinnen einer bestimmten Marke beraten lasse, darf ich nie vergessen, dass sie
mir nicht nur als Typberaterinnen zur Seite stehen, sondern immer auch Verkäuferinnen sind. Manchmal sind sie auch nur Verkäuferinnen, dann sucht man lieber gleich das Weite. Manch ein
Produkt ist gerade dann in der Promotion, wenn ich zu einer Pfle-
gesession im Studio bin. Also versuchen sie auch, es mir mit dem
entsprechenden Hinweis auf meinen Hauttyp zu verkaufen. Und
wer kann schon widerstehen, wenn er hört: »Damit siehst du
fünfzehn Jahre jünger aus. Garantiert.«

Es gibt in Deutschland sehr viele freiberufliche Visagistinnen,
die keiner Markenstrategie unterworfen sind. Sie haben den
Überblick, und der Tellerrand ist für sie kein Sichtschutz.

ES GIBT IN DEUTSCHLAND SEHR VIELE
FREIBERUFLICHE VISAGISTINNEN, DIE KEINER
MARKENSTRATEGIE UNTERWORFEN SIND.

IM KOSMETIKTÄSCHCHEN

Die Must-have-Liste für ein perfektes Make-up ist heutzutage
sehr kurz. Alles, was Frau wirklich unbedingt braucht, passt ganz
selbstverständlich in ein Kosmetiktäschchen. Das Beautycase
kann warten, bis die Achtziger mal wieder im Trend sind. Oder

man schmeißt es weg, weil das so schnell sowieso nicht wieder passieren wird. Ein roter Lippenstift von Dior muss in dieses Täschchen und ein nudefarbener von Chanel. Seine Farbe entspricht dem natürlichen Lippenrot und ist ein perfekter Begleiter für den Alltag und ein dezentes Auftreten. Ein Lipliner gehört dazu, ein transparenter Puder und eine getönte Tagescreme, ein Concealer, der die Augenringe und andere Schatten retuschiert, die sich im Alltag manchmal so einschleichen. Eine Wimperntusche, ein Kajal und ein Rouge. That's it, ladies. Wer will, kann ein bisschen Nude oder Wangenrouge aufs obere Augenlid auftragen. Und am Abend schminkt ihr euch natürlich Smokey Eyes. Alle anderen Lidschatten sind so was von vorgestern. Heute hat man betonte Wimpern als Highlight. Das Make-up soll nichts verdecken, sondern einzig und allein die natürliche Schönheit des Gesichts betonen. Es gelten die gleichen Gesetze wie für alle anderen Körperpartien: Verhüllen und verkleiden ist verboten.

FUSS- UND FINGERNÄGEL SOLLEN GEPFLEGT UND NICHT KÜNSTLICH AUSSEHEN.

NAGELPROBE

Beginnen wir ausnahmsweise mit einem absoluten No-Go, das leider ähnlich weit verbreitet ist wie Stringtangas: French Manicure. Beide No-Gos treten oft gar in scheußlicher Kombination auf ... Aber Fuß- und Fingernägel sollen gepflegt und nicht künstlich aussehen. Für die professionelle Pflege wurden Maniküre und Pediküre erfunden. Da geht ihr hin. Die Nägel müssen natürlich wirken, ihre Form soll dem Nagelbett entsprechen und nicht aussehen wie eine Landebahn für große Passagierflugzeuge. Wenn ihr einen Lack wollt, bleibt es euch überlassen, ob ihr einen transparenten oder einen farbigen wählt. Das Farbspektrum für Fuß- und Fingernägel ist jedenfalls so groß, dass es fast schon Goethes Farbkreis sprengt. Überhaupt sind Nägel in Farbe heute wieder in. Sehr modern ist das Taupe 505 Particulière von Chanel. Taupe hat eine magische, zurückhaltende Präsenz. Es ist in der Skala der Farbtöne einer meiner Favoriten, übrigens nicht nur in Sachen Nagellack. Alle dunklen, geheimnisvollen Töne von Chanel sind sehr elegant. Aber auch Neon darf ab und an getragen werden. Nur Schwarz ist out, zumindest für Frauen.

FÜR MAKE-UP GELTEN DIE GLEICHEN GESETZE WIE FÜR ALLE ANDEREN KÖRPERPARTIEN: VERHÜLLEN UND VERKLEIDEN IST VERBOTEN.

Der Rest des Outfits sollte allerdings ein wenig zurückhaltend sein, wenn man farbige Nägel hat. Dennoch: Für alle Signalfarben ist eine Wiederholung an anderer Stelle im Outfit empfehlenswert. Ob am Gürtel oder an den Schuhen, beim Einstecktuch oder an der Haarspange. Wiederholungen hemmen den Eindruck von Beliebigkeit. Entscheidungsfreude ist angesagt. Aber Achtung: Nie mehr als zwei Signalfarben kombinieren. Dazu kommen wir jetzt gleich ausführlich in der fabelhaften

World of Color

ot, Grün, Blau oder sogar Taupe? Drafi Deutscher fragte einmal singend: »Welche Farbe hat die Welt?« Und schickte die Antwort gleich hinterher: »Mmh.«

Bei Farben kann man vieles verkehrt machen, aber auch vieles richtig. Denn sie sind Geschmackssache. Welche Farben soll ich, welche kann ich tragen? Ich war schon immer dagegen, Menschen nach Rot-, Blau-, Gelb-, Grüntypen zu sortieren. Die Typberatung soll eine Hilfestellung sein, aber in der Regel ist sie falsch. Sie hilft nicht, sie schränkt bloß ein.

Einmal sagte ich zu einer Frau mit heller, empfindlicher Haut und dunklen Haaren: »Knallige Töne sind nicht deins.« Eine Viertelstunde später stand sie vor mir im pinkfarbenen Twinset und sah betörend aus. Das habe ich ihr auch gesagt. Seitdem lasse ich die Finger von dieser Farbdeuterei. Nun ja, fast. Eigentlich rate ich nur noch bei einem Hauttyp von bestimmten Spektren ab. Bei Frauen mit rötlichem, dünnem Haar. Ihre Haut ist oft durchsichtig, irgendwie bläulich. Ich nenne diese Frauen gerne meine Elfen. Und Elfen sollten blasse Stoffe meiden, sonst drohen sie zu verschwinden. Für echte Elfen eine praktische Sache, für Frauen eigentlich nie wirklich zielführend. Wenn die sprichwörtlich elegante Blässe auch noch im Outfit auftaucht, wird die gesamte Erscheinung eher mit Unwohlsein oder Krankheit verbunden. Dieser Eindruck verschwindet aber sofort, wenn das Outfit strahlt und leuchtet.

Von einer modeaffinen Gottheit gesegnet sind hingegen Frauen mit olivfarbener Haut. Ja genau, Italienerinnen haben es gut. Sie können jede Farbe tragen. Es sei denn, sie mögen eine nicht und fühlen sich mit ihr nicht wohl. Das gilt aber natürlich auch, wenn der Schuh drückt, der Blazer zur Änderungsschneiderei müsste oder die neue Haarspülung den Kopf jucken lässt. Da ist Einzelfallprüfung angesagt, bevor man sich dummdreist hinstellt und einfach in die Welt posaunt: Hör mal zu, Rot steht dir einfach nicht. Es ist immer eine Frage des gesamten Typs. Und eben nicht nur des Hauttyps.

NEBEN LAUNE, KRAFT UND AUSSTRAHLUNG ENTSCHEIDET VOR ALLEM DAS LICHT DARÜBER, OB UND WANN EINEM ROTE STREIFEN STEHEN.

The World of Color ist alles andere als simpel und lässt sich nicht auf irgendwelche Farbfächer reduzieren, die ich mir an die Wange halte. Schließlich entscheidet neben Laune, Kraft und Ausstrahlung vor allem das Licht darüber, ob und wann mir rote Streifen stehen. Im Geschäft sah die Bluse spitze aus und vor der Tür, im Spiegel der Schaufensterscheiben, die pralle Sonne im Gesicht, läuft mir ein kalter Schauer über den Rücken. Kehrtwende und umgetauscht das Ding.

Apropos Ding. Zwei Farben, die ich in keinem Outfit zusammen sehen möchte, sind Schwarz und Weiß. Das geht zu weit. Schwarz, und da wiederhole ich mich gerne, ist für die eigene Beerdigung, obwohl die Leichenhemden meist schneeweiß sind.

Und Schwarz schluckt. Alles, wirklich alles verschwindet im schwarzen Loch. Deswegen tragen doch viele Frauen so gerne Schwarz. Ganz besonders dann, wenn ihnen nicht wohl ist. Am Morgen nach einer Party. Schwarze Hose, schwarze Bluse und schon sieht man mich nicht mehr. So will man sie auch nicht sehen. Dann doch lieber einfach einen Tag zu Hause bleiben, ein schönes Bad, das Telefon aus dem Stecker und gut.

Oder man zieht eine weiße Bluse an. Denn weiß erfrischt, es lässt den Teint gesünder wirken, und alle werden sagen: Mensch, nach so einer Party so aussehen? Respekt!

Selbstverständlich darf die Bluse nicht reinweiß sein. Reinweiß ist ebenso ein Unton wie Schwarz. Und hat einen entscheidenden Nachteil: Es sieht sogar noch billiger aus, wenn der Schriftzug eines Luxuslabels von außen durchscheint. Tiefschwarz und Reinweiß gehören aufs Schachbrett und nur dorthin. In der Mode setzen sie alles schachmatt.

WEISS ERFRISCHT, SOLANGE ES NICHT REINWEISS IST, ES LÄSST DEN TEINT GESÜNDER WIRKEN.

So weit also die Unifarben. Kommen wir zum Bunten. Mir fallen seit einiger Zeit Frauen auf, die aussehen wollen wie ihre Tochter. Die sich dem Mustermix verschrieben haben, den sie mit fünfzehn selbst zu kindisch fanden. Hier kann nur ein Appell helfen.

Liebe Frauen jenseits der dreißig. Punkt eins: Ihr seid erwachsen. Auch wenn ihr euch nicht so fühlt. Und selbst wenn ihr es nicht seid, unterstreicht das nicht mit einem Flickenteppich am Körper. Punkt zwei: Wenn sich Mutter und Tochter überhaupt modetechnisch angleichen wollen – ich betone: wollen, nicht sollen –, dann orientiert sich bitte schön die Tochter an der Mutter. Nicht umgekehrt.

TIEFSCHWARZ UND REINWEISS GEHÖREN AUFS SCHACHBRETT. IN DER MODE SETZEN SIE ALLES SCHACHMATT.

Wenn ich aussehe wie ein schlechtes Plagiat moderner Malerei, kann ich nicht davon ausgehen, dass mich mein Gegenüber ernst nimmt. Jedes Alter hat seine Jugendlichkeit. Aber sie drückt sich in persönlicher Frische und Fitness aus, nicht im Muster-Tohuwabohu, im Farbchaos, im Augenflimmern der anderen angesichts eines überbunten, psychedelischen Outfits. Alle Farben und Muster der Welt zu kombinieren hat nichts mit Mut und Kreativität zu tun. Es ist reine Willkür, die da zum Ausdruck kommt. Meist arbeiten Frauen, die sich so kleiden, in einer kreativen Branche und wollen das mit ihren Mustern unterstreichen. Ich denke, weil sie schon immer etwas mit Medien machen wollten und jetzt, wo sie es tun, sind sie von der Medienwelt maßlos enttäuscht, wollen sich das aber unter keinerlei Umständen anmerken lassen.

Wenn Drafi Deutscher fragt, welche Farbe die Welt hat, kann ich da nur für die Modewelt antworten. Und ich sage: Das Maximum sind zwei Signalfarben, die im besten Falle in einem Accessoire wiederholt werden. Alles andere ist Geschmackssache. Und Geschmäcker sind ja leider verschieden. Mmh.

MAXIMAL ZWEI SIGNALFARBEN, DIE IM BESTEN FALLE IN EINEM ACCESSOIRE WIEDERHOLT WERDEN.

Wie neu –
Reinigung und Pflege

Nicht nur bei meinen eigenen Kollektionen bin ich Verfechter von bester Qualität. Hochwertige Stoffe sind ein Muss, handwerklich sauber verarbeitet und werthaltig, damit einem jedes einzelne Stück möglichst lang erhalten bleibt. Mode sieht man ihren Preis an. Und darum ist auch absolutes Misstrauen angesagt, wenn man ein angebliches Edelteil aus dem feinsten Stöffchen irgendwo für unschlagbare neunzehn neunundneunzig angeboten bekommt. Abgesehen vom Sitz der Anziehsachen wird in den ersten ein, zwei Tagen kein Unterschied auffallen. Dann aber fallen die ersten Knöpfe ab, die Passform ist nach der Wäsche ebenso hinüber wie die vorher noch leuchtende Farbe. Bei günstiger Cashmere-Mischware entwickeln sich schon früh kleine Knötchen auf der Oberfläche, das sogenannte Pilling. Generell zeigt sich minderwertige Qualität nach einer Weile an den Nähten, die über kurz oder lang nicht mehr halten, was sie eigentlich halten sollten.

Doch auch die qualitativ hochwertigen Teile müssen, sollen sie lange halten, gut und umfassend gepflegt werden, wie alle anderen Dinge, die einem lieb und teuer sind. Dafür gibt es in der Dienstleistungsgesellschaft kleine und größere Unternehmen, die uns bei der Pflege unserer Mode unterstützen. Bei der Wäsche in der häuslichen Waschmaschine bitte nicht am Preis des Waschmittels sparen. Die besten ihrer Art kosten zwar ein bisschen mehr, aber es reichen pro Waschgang auch sehr geringe Mengen. Viel hilft hier nicht viel – im Gegenteil, es schadet sogar. Die Überdosierung des Waschmittels führt zu Verklebungen, unter denen die Stoffe leiden. Auch die ganzen Hygienespüler kann man sich bei einer normalen Wäsche getrost sparen. Bei einem Waschgang von dreißig Grad ist das noch sinnvoll, aber bei vierzig oder sechzig Grad schafft das auch ein normales Vollwaschmittel. Los geht's.

AUCH DIE QUALITATIV HOCHWERTIGEN TEILE MÜSSEN GUT UND UMFASSEND GEPFLEGT WERDEN WIE ALLE ANDEREN DINGE, DIE EINEM LIEB UND TEUER SIND.

DIE RICHTIGE REINIGUNG

Reinigung ist nicht gleich Reinigung. Bis man in der Nachbarschaft die beste gefunden hat, vergehen mitunter Jahre, und schon ist man wieder umgezogen. Eine schnelle Methode, die passende Wäscherei zu finden, ist testen. Man sollte, und das wird nicht überraschen, dafür nicht seine Lieblingsstücke oder die teuersten Exemplare verwenden, die der Kleiderschrank zu bieten hat. Sinn jedoch hat es, beispielsweise jeweils zwei Blusen in drei Reinigungen zu bringen und im Anschluss die Ergebnisse miteinander zu vergleichen.

Zuerst kommt es auf die Sauberkeit an. Kragenschmutz und auch Flecken von Kosmetik sollten nach erfolgter Reinigung restlos verschwunden sein. Es gibt aber auch noch andere Hinweise auf die Professionalität einer Wäscherei. Wird alles, was zum Waschen abgegeben wird, schlicht auf Dampfpuppen gebügelt? Dampfpuppen sind lebensgroße Stoffpuppen, die mit heißem Dampf aufgepustet werden, der durch das Material der Puppe in den Blusenstoff gedrückt wird. Damit sind die Blusen sehr viel schneller knitterfrei als beim herkömmlichen Bügeln, in Sachen Effizienz also ein großer Vorteil. Für die Kundin der Kleidungsstücke kann das allerdings ein Nachteil sein, denn durch den ebenso großen wie plötzlichen Druck, der auf Nähte und Stoff einwirkt, wird das Kleidungsstück extrem gedehnt. Gerade für taillierte Fashion aus dem Kleiderschrank der Damen ist das gar nicht gut. In der Taille ist der Fadenverlauf schräg, damit die Bluse oder das Kleid schön dehnbar ist und gleichzeitig in Form bleibt. Auf der Dampfpuppe leidet die Passform, und aus der schönen, figurbetonten Bluse wird mit der Zeit ein Oberteil ohne Kontur. Da ist ein kleiner Aufpreis für das Bügeln per Hand eine überaus lohnende Investition.

> **BITTE NICHT AM PREIS DES WASCHMITTELS SPAREN! DIE BESTEN KOSTEN ZWAR EIN BISSCHEN MEHR, ABER PRO WASCHGANG REICHEN AUCH SEHR GERINGE MENGEN.**

Auch ordert man seine Blusen bitte nie gelegt, auf einer Pappe vorgefaltet und in einer Plastiktüte. Das ist zwar bequem für den Weg von der Reinigung nach Hause, zieht man die Blusen dann aber an, trägt man Knickfalten spazieren. Ein letztes Indiz für passenden Reinigungsbetrieb ist die Distanz. Je näher, desto besser. Gereinigte Klamotten wollen am liebsten ganz schnell zurück in ihren Schrank.

DER RICHTIGE BÜGEL

Die Transportbügel aus der Reinigung heißen nicht ohne Grund Transportbügel. Wenn die Kleider zu Hause in den Schrank kommen, haben die dünnen Drahtdinger ihren Dienst getan. Ich sammle sie in einer schönen großen Papiertüte und bringe sie alle paar Wochen meinen Waschfrauen mit. Die freuen sich, und die Umwelt freut sich auch.

FÜR DAS BESTE BÜGELERGEBNIS BRAUCHT MAN EINE BÜGELSTATION, EIN EISEN MIT ANGESCHLOSSENEM DAMPFAGGREGAT.

Die Kleider, Jacken, Blazer, Mäntelchen und Blusen hängt man alle in den dafür vorgesehenen Schrank. Und zwar auf schöne breite Bügel, damit das Anziehen auch noch Spaß macht und die Qualität der Stücke nicht leidet. Niemand sollte sich hängen lassen, keine Frau und auch nicht ihre Kleider. In fast jedem Kaufhaus und in jeder Boutique sind Bügel im Überfluss im Lager, weil die Geschäfte oft ihre eigenen Bügel verwenden, die Ware aber auf den Bügeln der Hersteller geliefert wird. Fragt einfach danach. Und schon haben es die Anziehsachen bequem. Wer es puristisch mag und keine Plastikbügel im Schrank hängen haben möchte, der kann sich auch sehr schöne und zeitlose Holzbügel anschaffen, die wirken mindestens genauso edel wie die dazu passende Garderobe. Wennschon – dennschon.

DAS RICHTIGE BÜGELN

Für das beste häusliche Bügelergebnis braucht man eine Bügel-station, in anderen Worten ein Eisen mit angeschlossenem Dampfaggregat. Das reguliert den Dampf sehr viel genauer und befördert selbigen dann in gleichbleibender Stärke durch das Eisen in den Stoff. Das können einfache Dampfbügeleisen nicht so gut. Natürlich ist es eine kleine Investition, aber nicht nur die Kleidung wird es einem danken. Mit auf das jeweilige Material angepasster Temperatur und Dampfmenge ist das Bügeln ziemlich schnell erledigt, und man vermeidet den sicheren Bügeltod. Der tritt ein, wenn die Stoffe beim Glätten glänzend und speckig werden. Im Falle dieses Falles kann zwar mit viel Feuchtigkeit reanimiert werden – besser aber ist es, dem Tod schon vorab von der Schippe zu springen. Irgendwie wie im echten Leben.

DAMPFPUPPEN ENTKNITTERN SEHR VIEL SCHNELLER ALS HERKÖMMLICHES BÜGELN, ABER DURCH DEN EBENSO GROSSEN WIE PLÖTZLICHEN DRUCK AUF NÄHTE UND STOFF WIRD DAS KLEIDUNGSSTÜCK EXTREM GEDEHNT.

DIE RICHTIGE WOLLPFLEGE

Besondere Aufmerksamkeit beim Reinigen und Trocknen gilt Wollstoffen. Moderne Waschmaschinen haben heute hervorragende Wollprogramme, die einer behutsamen Handwäsche in nichts nachstehen. Um die feinen Pullover vor der Metalltrommel zu schützen, kommen sie zum Waschen in ein Waschnetz oder einen alten Nylonstrumpf.

MODE SIEHT MAN IHREN PREIS AN.

Nach dem Waschgang wird der Wollpulli auf ein Handtuch gelegt. Dort darf er, in Form gebracht, trocknen. Noch besser geht es mit Thomas' Wrap-Methode, die ich eigentlich patentieren lassen sollte. Unten ein Handtuch, oben ein Handtuch und dazwischen der nasse Pullover. Dieses Sandwich wird kurz und kräftig zu einem ansehnlichen Wrap zusammen- und dann direkt wieder auseinandergerollt. Anschließend trocknet der Pullover auf dem unteren Handtuch liegend in Ruhe vor sich hin und wird ab und zu einmal gewendet.

Da jede Wollqualität irgendwann zur Knötchenbildung neigt, empfehle ich die Anschaffung eines Pillingrasierers. Der schnippelt die Knötchen ab, und der Stoff sieht wieder aus wie neu. Finger weg von sogenannten Fusselrollen. Diese klebrigen Dinger, mit denen man lose Fädchen einfangen will, bevor sie sich zu Knötchen verbinden, taugen gar nichts. Zwar erwische ich mit dieser Methode die langen Fädchen, ich sorge aber auch dafür, dass neue lose Fädchen nachkommen. Daher rate ich dazu, lieber ein wenig mehr zu investieren und die Knötchen vorsichtig mit dem Rasierer zu beseitigen, als selbst für unnötigen Knötchennachschub zu sorgen.

SO TROCKNE ICH WOLLPULLOVER: UNTEN EIN HANDTUCH, OBEN EIN HANDTUCH UND DAZWISCHEN DER NASSE PULLOVER. DIESES SANDWICH KURZ UND KRÄFTIG ZU EINEM WRAP ZUSAMMEN- UND WIEDER AUSEINANDERROLLEN. ANSCHLIESSEND DEN PULLOVER AUF DEM UNTEREN HANDTUCH LIEGEND TROCKNEN LASSEN UND AB UND ZU WENDEN.

Fashion Police

*A*lles geht, alles kann man machen, alles ist erlaubt, alles ist gut. Dafür wurde gekämpft, dafür haben sich Menschen nackig gemacht, dafür standen sie im satten Strahl der Wasserwerfer.

Ich habe, ehrlich gesagt, großen Respekt vor den Freiheits- und Gleichheitskämpfen der Achtundsechziger und ihrer Nachfolger. Kinderrechte, Frauenrechte, Menschenrechte, Demokratie. Großartig – da gibt es keine Diskussion. Aber jetzt sprechen wir über Mode. Viele, die sich auch heute als Kämpfer für die Rechte Benachteiligter und Unterdrückter bezeichnen, messen, wenn sie sich überhaupt zum Thema Mode äußern, mit mindestens zweierlei Maß.

D'accord, sage ich, wenn es um unseren gemeinsamen Feind geht, den Trash. Wobei ich mich nicht aus dem Fenster lehne und die Lebensentwürfe anderer Menschen kritisieren will. Ihre Lebensentwürfe gehen mich nichts an – wie sich die Menschen kleiden schon. Das unterscheidet mich von den Gutmenschen, denen nur ihr eigener Lebensstil gut genug ist.

Wer anders lebt, wird kategorisch abgelehnt. Wie zum Beispiel gewisse schrille, sehr neureiche C-Promis oder gar ganze Familien, die mit eigenen Reality-Shows nach dem Vorbild von *The Osbournes* für Furore sorgen. Sie sind den Gutmenschen Plastikdornen im Auge. Vermutlich, weil die Soaps auf den anspruchslosesten Sendern laufen, weil die Stars und Sternchen mit gro-ßem Selbstverständnis ihrem selbsterwirtschafteten Reichtum frönen und keinen Hehl aus ihrem Hang zum Materiellen ma-chen. Leider machen sie auch keinen Hehl aus ihrem Hang zum absoluten Trash. Modetechnisch ist er, da mag er noch so teuer sein, für mich das roteste aller Tücher.

Ich mag manche dieser Promis, vielleicht kenne ich sie sogar von früher. Und doch würde ich ihren Kleidungsstil am liebsten ignorieren. Nur kann ich nicht. Er ist furchtbar. Protz, bling! Sie erinnern mich wahlweise an das Fließband einer Strasssteinpro-duktion oder an leuchtende Litfaßsäulen. Neben einer Über-macht funkelnder Steinchen prangen da nichts als Zahlen und Abzeichen und Markennamen auf den Klamotten. Natürlich kann ich da nicht stillhalten. Aber das verkraften sie schon, sie strotzen meist vor Selbstbewusstsein. Sie sind Fernsehstars, und sie haben ihre Mode gefunden, sie drücken sich darin aus. Meine Mode ist das nicht, mir fehlt da der Stil. Für Mode ohne Stil gibt es in meiner Welt nur einen Ort: die Müllkippe. So etwas ist eben Trash. Aber aufgepasst: Was man nie machen darf, ist, von den Outfits auf die Lebenseinstellung der Träger zu schließen oder diese gar zu verteufeln. Das ist zu kurz gedacht. Denn viele dieser C-Promis verkörpern eine ansteckende Lebenslust. Das ist auch eine Qualität.

INDIVIDUELL HEISST NICHT PER SE SELBSTGEMACHT.

Zurück zur Mode: Wenn deutsche Frauen traditionelle Gewän-der afrikanischer Stämme anziehen, muss ich mich auch zurück-

halten mit dem Urteilen über die Trägerin. Sie macht es wohl aus Mangel an Ausdrucksstärke. Aber wie sieht das denn aus? Diese Gewänder sind an die Lebensbedingungen der Stämme unter der glühenden Sonne Afrikas angepasst. Zu heller Haut passen die traditionellen Erdfarben einfach nicht. Sie machen blass und unscheinbar und am Ende sehen die Trägerinnen solcher Ethno-Kleider aus, als trügen sie Chicken Tandoori. Aus schönen Erd- und Gewürzfarben wird hierzulande Gulasch. Diese Farben gehören ins Essen, nicht in den Kleiderschrank.

ALLE BEKLEIDUNGSARTEN HABEN SICH UNTER DEN EINFLÜSSEN VON KLIMA UND LEBENSUMSTÄNDEN ENTWICKELT.

Auch bei uns haben sich die Bekleidungsarten unter den Einflüssen von Klima und Lebensumständen entwickelt. Daran sollten sich europäische Frauen mit heller Haut orientieren. Erfahrungswerte mehrerer Jahrhunderte stecken in einem heutigen Blazer. Natürlich kann man das ablehnen oder negieren, wenn man möchte. Wenn man sich mit Mode beschäftigt aber nicht. Und eines ist ja deutlich: Ein afrikanisches Traditionsgewand zieht eine hellhäutige Deutsche nicht einfach mal so an, weil es da gerade hängt und sie sich keine Gedanken um ihr Äußeres macht. Ein solches Teil zu tragen ist ein sehr bewusster Schritt. Den ich ebenso bewusst kritisiere, weil er zeigen soll: Guck, ich habe Respekt vor Afrika, lebe hier im friedlichen Europa und auf dem Tisch steht ausreichend Essen. Nur weil ich Ethno-Look trage, heißt das nicht, dass ich mich besonders sozial, umweltverträglich oder weltverbessernd verhalte – ich will lediglich so wirken. Oder ich halte Selbstgebatiktes für Ethno-Look und verstehe das als Ausdruck von Individualität. Individuell heißt aber nicht per se selbstgemacht. Wer selber macht und das zeigen will, der muss es auch gut machen. Der muss es können. Und bis er es kann, muss er es üben. Meine allerersten Modeentwürfe habe ich auch nie auf der Straße gezeigt, nicht ohne Grund.

Reist, liebe Ethno-Freundinnen, nach Afrika, nach Indien, nach Südostasien. Vor Ort könnt auch ihr die Outfits der Einheimischen tragen. Das zeugt sogar von Respekt vor deren Kultur.

EDLE KLEIDER MÜSSEN ZEITLOS WIRKEN.

Trash und Ethno sind zwei Looks, bei denen die Fashion Police ganz schnell das Blaulicht anschaltet. Diese Looks stehen ganz oben auf meiner No-Go-Liste. Weitere acht No-Gos machen die Liste zur Top-Ten, bei denen die Fashion Police in Mannschaftsstärke ausrückt.

TRASH

Bling-Bling, Protz und Klunker gehören weder ins Schmuckkästchen noch an die Kleidung. Nicht umsonst wird so ein Look Trash genannt.

ETHNO

Sich zu kleiden wie Menschen aus fremden Kulturen geht nur vor Ort. Hierzulande sollte dieser Look denjenigen vorbehalten

sein, die ihre Zugehörigkeit zu einer fremden Kultur zum Ausdruck bringen wollen.

FAKES

Nur original ist originell. Wenn das Budget nicht reicht, hilft mitunter das Stöbern auf dem Flohmarkt. Alles andere ist verboten. Sagt nicht nur der Zoll, sondern auch die Fashion Police.

BOLERO-JÄCKCHEN ZUM ABENDKLEID

Sieht nicht aus, macht nicht warm, ist schlichtweg überflüssig. Wenn etwas die entblößten Schultern bedecken soll, lieber gleich ein Kleid mit kleinen Ärmeln kaufen. Schulterfrei ist nur für Mädchen.

ZEITLOS ZUR GALA

Geht eine Frau zu einem Empfang oder einer Gala, trägt sie ein Abend- oder Cocktailkleid und findet dort überall charmante Herren, die ihr bei Bedarf die Zeit verraten. Edle Kleider müssen wahrlich zeitlos wirken. Das heißt: Die Armbanduhr macht Platz für Schmuck und bleibt zu Hause.

ACH, WIE SCHLIMM, DASS NIEMAND WEISS

Entweder man trägt kurze Hosen oder man trägt lange. Warum nur sehe ich immer noch so viele Frauen mit Dreiviertelhosen? Ob sie wohl denken: »Oh, fein, da ist mir direkt etwas kühler!«? Ich weiß es nicht. Aber ich weiß, Hosen, die in der Wadenmitte aufhören, sind stillos, vor allem wenn sie mit einem Tunnelzug versehen sind und mit allerlei Reißverschlüssen und Schnürsenkeln und Taschen überall. Es ist zum Davonlaufen, in solchen Hosen sehen doch alle aus wie das Rumpelstilzchen oder Zwerg Nase. Zurück ins Märchenland damit. Da lasse ich nicht mit mir reden.

NICHTS GEHT ÜBER ALLES

Overalls sind für Handwerker bei der Arbeit und für Hella von Sinnen. Bei allen anderen haben sie weder Sinn, noch zeugen sie von Stil. Keine Kleidung kann so schlimm sein, dass sie unter einem Overall versteckt werden muss. Und kein Körper verdient es, in Unförmigkeit entstellt zu werden. Sollte ich allerdings irgendwann auf die Idee kommen, einen Overall zu designen, werde ich Hella um Rat fragen. Sie trägt die Dinger so gut und ist so süß darin.

GEMALTE AUGENBRAUEN

Augenbrauen müssen gepflegt sein und in Form gebracht werden, wenn sie wie Unkraut wachsen. Sie zur Haarlinie zu zupfen oder vollständig zu entfernen und im Nachgang wieder hinzumalen geht gar nicht.

FARBTYPIRRSINN

Wenn Ursula mit ihrem Farbfächer in den Showroom kommt, nehme ich ihn ihr sofort weg: »Auch wenn dein Guru dir dreimal sagt, dass du ein Herbsttyp bist, und dir das gleich dreimal in Rechnung stellt, heißt das nicht, dass du nur in Herbsttönen glänzt. Im Gegenteil!« Typberatung mit Farbfächer ist wie der

Rheumadeckenverkauf auf der Butterfahrt: So sinnlos. Dass Frauen wie Ursula sich dennoch danach richten, ist einer der irrsinnigsten Ausdrücke von fehlendem Selbstbewusstsein, die ich kenne. Wenn ich von so etwas höre, kriege ich sofort den Tatütata-Tinnitus der Fashion Police.

BRAUT IM BLAZER

Liebe Hochzeitsgesellschaften, wenn einer Braut am schönsten Tag ihres Lebens zu kalt ist, lasst sie bitte keinen Blazer zum Hochzeitskleid tragen. Gebt ihr ein Cape. Sie wird es anziehen und nicht mehr frieren. Wobei ja eigentlich der Bräutigam dafür zuständig ist, dass seiner Liebsten warm wird – und wenn er das schon am Hochzeitstag nicht schafft: kein Kommentar.

NUR ORIGINAL IST ORIGINELL.

Classic with a Twist –
Der Film

*D*ie besten Outfits schauen wir uns im Kino und im Fernsehen an – und unbewusst bestimmt auch ab. Viele der Bestgekleideten sind leider schon verstorben. Aber zum Glück gibt es auch noch lebende Stilikonen. Ich stelle mir manchmal vor, dass all meine Vorbilder in Sachen Stil und Mode in einem einzigen Film mitspielen würden, in *Classic with a Twist – Der Film*. Ich würde für diesen Film gerne die Abteilungen Casting und Kostüm übernehmen. Ich hätte sehr wenig zu tun, weil alle Schauspielerinnen perfekt gekleidet am Set erscheinen würden. *Classic with a Twist – Der Film* wäre ein Dreiteiler: Im ersten Teil spielen nur Frauen mit, im zweiten nur Männer und im dritten – Highlight, Showdown, Finale – wird kombiniert, da führe ich dann auch die Regie!

Das Casting des ersten Teils habe ich bereits erledigt, die Story der ganzen Trilogie, meine Damen, ist euch überlassen. Denkt euch etwas aus, lasst euch inspirieren, seid kreativ und selbstbewusst. Und vergesst eines nicht: Ihr seid die Frauen. Was ihr daraus macht, liegt in euren Händen!

Und ... Film ab!

CLASSIC WITH A TWIST – DER FILM

TEIL EINS

HAUPTDARSTELLERINNEN
(in alphabetischer Reihenfolge)

AUDREY HEPBURN
DAS KLEINE SCHWARZE
Schauspielerin – *1929 †1993

AVA GARDNER
DIE BARFÜSSIGE GLAMOUR-QUEEN
Schauspielerin – *1922 †1990

BRIGITTE BARDOT
DER CAPRI-LOOK
Model, Schauspielerin – *1934

CLAUDIA SCHIFFER
DIE MODERNE ELEGANZ
Model – *1970

GLORIA VON THURN UND TAXIS
DER WEG DURCH DIE MODEPHASEN
Unternehmerin, Fürstin – *1960

COCO CHANEL
DIE EWIGE STILIKONE
Modedesignerin, Wegbereiterin – *1883 †1971

GRACE KELLY
DAS KLASSISCHE TWINSET
Schauspielerin, Fürstin – *1929 †1982

GWYNETH PALTROW
DIE ELFE IN PUDERTÖNEN
Schauspielerin – *1972

HEIDI KLUM
DAS SCHÖNSTE LACHEN DER WELT
Model, Moderatorin – *1973

JENNIFER LOPEZ

DER ULTRAFEMININE SUPERBODY

Sängerin, Schauspielerin – *1969

KATE MOSS

DER LÄSSIG-ROCKIGE TWIST

Model – *1974

LADY DIANA

DIE KÖNIGIN DER HERZEN

Kronprinzessin – *1961 †1997

LANA TURNER

DER STIFTROCK

Schauspielerin – *1921 †1995

MARILYN MONROE

DIE PERFEKTE S-KURVE

Schauspielerin – *1926 †1962

MARLENE DIETRICH

DIE FEMININE IM MASKULINEN HOSENANZUG

Schauspielerin, Sängerin – *1901 †1992

MARY VON DÄNEMARK –
DIE ELEGANTESTE PRINZESSIN
Gräfin, Kronprinzessin – *1972

PEGGY GUGGENHEIM
DIE GROSSE BRILLE
Kunstmäzenin – *1898 †1979

RITA HAYWORTH
DER VINTAGE-PELZ
Schauspielerin – *1918 †1987

SOPHIA LOREN
DIE WILDE WEIBLICHKEIT
Schauspielerin – *1934

VICTORIA BECKHAM
DIE NEUE STILIKONE
Sängerin, Designerin – *1974

THE WINDSORS
DIE STILSICHERSTE GROSSFAMILIE
Britisches Königshaus – *1917